Au secours !
mon enfant rentre à l'école

Chrystelle Collin

Au secours !
mon enfant rentre à l'école

éditions du
ROCHER

ISBN : 978-2-268-07174-9

À Lou et Jules

Introduction

On se souvient de quoi dans une vie ? D'un premier baiser, de la première fois où l'on a vu la mer, du lieu où l'on se trouvait le 11 septembre… Mais souvent, aussi, revient ce jour incomparable de notre entrée à l'école. Cela fait maintenant dix années que je suis professeur des écoles en petite section et chaque fois c'est la même émotion.

Je reviens de vacances, c'est encore l'été. Ma classe est vide. Aucun cri d'enfant, pas de rires, dehors il ne passe guère de voitures en ce mois d'août finissant. Je goûte ces instants de calme en ce lieu qui va bientôt se charger de vie, de cris et de larmes, d'une intensité émotionnelle rare. Il y aura ces parents chavirés par des sentiments qu'ils n'imaginaient pas. Et puis ces enfants que je ne connais pas et qui vont devenir mon quotidien. Inconnus jusqu'au pas de la porte de ma classe, je vais bientôt apprendre leurs prénoms, leurs visages, leurs habitudes, leurs petits riens et leurs grands secrets. Je vais être leur première maîtresse et, avec mon aide maternelle, leur premier contact avec l'école. C'est une responsabilité considérable. Ils vont quitter leur cocon, leur famille, leurs fragiles certitudes pour se construire un nouveau monde dans cette pièce qui doit devenir la leur. Ce détachement sera le premier pas vers leur autonomie, dans l'aventure qui va en faire un jour des élèves. Il marque par cet arrachement aux leurs, le premier acte d'une affirmation de petit être. C'est un jour fortement symbolique de leur entrée dans le grand monde, dans la société des hommes. La société de la règle, du permis et du défendu, du contrôle de soi, du respect des autres. Les adultes ne perçoivent pas toujours l'ampleur de ce changement de vie. C'est une fracture identitaire et en même temps une magnifique aventure. Une plongée dans l'inconnu, mais qui, pour les enfants, ne dure pas, tandis que les interrogations demeurent pour les parents. Ils laissent leur enfant à d'autres ; cet abandon aussi est violent pour eux. Et donc source d'inquiétude. L'école est un monde qu'ils ont un peu oublié. Et puis celle-ci a changé depuis le temps où ils étaient enfants. Alors ils sont pleins de questions, qu'ils expriment parfois mais pas toujours. Souvent elles nous surprennent, mais elles montrent combien ils ignorent ce qui se passe dans la classe et donnent aussi des indications sur le comportement de leurs enfants. Régulièrement dans des dîners entre amis, je suis assaillie de questions autour de mon travail et des enfants. On me demande conseil : « Dis donc, ma fille a un petit zozotement, qu'est-ce que je dois faire ? », « C'est normal qu'elle n'arrive pas encore à écrire son prénom ? »...

C'est ce qui m'a donné l'idée d'écrire ce petit livre. Concevoir un ouvrage modeste afin de répondre à toutes ces questions et expliquer de manière concrète ce que va vivre l'enfant. Cela permet aussi d'anticiper et d'accompagner son arrivée dans ce qu'on appelle la « communauté éducative ». Il y a plein de petites choses toutes simples à savoir et qui peuvent aider ou soulager votre enfant... mais aussi assister la maîtresse que je suis. Si vous donnez un manteau à fermeture-Éclair plutôt qu'un manteau à boutons, vous voyez, ça m'arrange. Parce que boutonner trente manteaux pour sortir en récréation, c'est une jolie petite galère ! Bien entendu des millions d'enfants et de parents ont passé sans écueil l'entrée en petite section sans ces conseils mais disons qu'il vaut mieux toujours réexpliquer les choses. Ces conseils peuvent éviter des malentendus, des erreurs. Et puis vous rassurer aussi. Car souvent, le jour de la rentrée, entre l'enfant et le parent, le plus angoissé des deux n'est pas forcément celui que l'on croit. Si en lisant ces quelques lignes vous pouvez, le jour J, lui lâcher la main le cœur gros, certes, mais avec un peu moins d'angoisse, alors j'aurai répondu à ce projet.

Et puis, au-delà de ces considérations pratiques, c'est aussi une manière pour moi d'exprimer, de raconter notre quotidien à nous, enseignants, aides maternelles, avec les élèves, toutes ces heures partagées que d'aucuns voient juste comme une manière de passer le temps de l'enfant.

Non, il va vivre une année capitale, pour lui et pour ce qu'il va devenir. Le rapport Attali a montré combien ces premières années à l'école sont déterminantes pour la vie de l'enfant et son épanouissement. Vous comprendrez entre ces lignes tout ce qui peut être entrepris dans cette première classe, toute l'énergie et les compétences que l'on essaie d'insuffler afin que chacun des enfants qui nous est confié soit en fin d'année à la fois tout à fait lui-même mais aussi quelqu'un de différent. C'est une sublime mission que l'on prend à cœur, qui nous épuise mais aussi nous comble. À revoir dans la cour de l'école nos anciens élèves, des années plus tard, à leur petit sourire, aux bises qu'ils nous font, on se dit que peut-être, certainement, on a compté à notre échelle dans leur existence. Et cela commence par ce premier jour. Le premier jour du reste de leur vie.

Chapitre 1
Changer de monde : « Du cocon à la jungle ! »

Il faut bien avoir en tête qu'entrer à l'école consiste véritablement à changer de monde. L'enfant va connaître l'un des bouleversements parmi les plus considérables de son existence, à l'égal – voire davantage – de son entrée, plus tard, dans le monde du travail. Il est jusque-là un être unique. Même s'il appartient à une fratrie, il est considéré et le vit comme tel. Dans sa famille, c'est la petite merveille. Il est l'objet de toutes les attentions. L'enfant a pris l'habitude de ces égards. Il voit les regards converger vers lui. Et puis, surtout, il est dans un monde protégé, on prévient ses problèmes, on les résout pour lui. Il a soif, on lui donne de l'eau sans même qu'il le demande. Un objet tombe, on le lui ramasse. Bien souvent, on anticipe ses désirs. Il sourit, tout le monde lui sourit. Il se cogne, on le réconforte ; il veut aller aux toilettes, on l'aide à défaire son pantalon.

Eh bien, tout cela va quelque peu changer ! « Petit d'homme », tu vas plonger au cœur de la vraie vie, dans un univers très différent, avec des petits amis qui, dans les premiers temps, vont te bousculer, crier pendant toute une matinée, peut-être te griffer le visage ou mettre du feutre sur le si joli pull que maman t'a acheté la veille ! Bienvenue en petite section, Chloé, Marie, Lily, Beslan. Déjà, vous voyez, on s'adresse à vous au pluriel...

Oui, votre enfant va demeurer unique mais devenir un parmi tant d'autres. Il sera l'un des enfants de la classe, pas moins mais pas plus non plus. Ses problèmes ne seront pas plus importants que ceux des autres. Ses désirs s'additionneront à ceux d'une trentaine d'autres enfants et ne pourront donc pas forcément être assouvis dans l'instant. C'est un bouleversement considérable pour ce petit être, un très grand choc qu'on sous-estime certainement, parce qu'on ne se place pas à son échelle et qu'on ne se rend justement pas compte de la révolution qu'il va vivre.

S'il a été en crèche

Suivant le mode de garde dont il a bénéficié, le changement sera plus ou moins important mais de toute façon il le sera. Bien évidemment, les enfants qui sont allés à la crèche auront vécu quelques situations comparables mais, quand bien même, ils vivront aussi ce changement avec force. D'abord parce qu'à la crèche il y a environ un adulte pour cinq à six enfants. À l'école, il y a deux adultes, l'enseignant et l'aide maternelle, pour environ trente enfants ! Ce n'est pas du tout la même chose. Le niveau d'attention n'est en rien égal. Ensuite, à la garderie, on propose des activités aux enfants tandis qu'à l'école elles vont leur être soumises de manière plus directive. Votre fils ou votre fille devra s'y plier alors que la puéricultrice s'adaptait au rythme de l'enfant et à sa personnalité. Ce qui est impossible quand on doit gérer trente enfants même si on essaye au mieux d'appréhender les personnalités de chacun au fil de l'année.

S'il n'a pas été en crèche

Il va devoir apprendre à vivre avec les autres. Et c'est une vraie aventure pour lui. Tout d'un coup, il se retrouve au milieu de plein d'enfants. Ils vont alors se toucher les uns les autres, se pousser pour voir comment l'autre réagit. Celui qui a les cheveux courts va tirer les cheveux de celui ou celle qui a les cheveux longs parce que c'est nouveau pour lui. Pour ceux qui jusque-là étaient seuls chez eux, cela va être un grand choc de prendre conscience qu'il y a de nombreux autres petits individus. Cet enfant va être confronté aux autres avec tout ce que cela implique. Certains en restent parfois tétanisés. Souvent, ils sont dans un premier temps tellement stupéfaits qu'ils ne réagissent pas aux inévitables petites tracasseries dont ils sont l'objet. Il y a en effet des enfants qui mordent alors qu'ils souhaitaient embrasser leur camarade, qui griffent, qui tapent les autres.

Ce n'est pas méchant, c'est un passage pour un petit nombre d'entre eux en début d'année. Une manière d'entrer en contact. Il s'agit souvent d'enfants qui n'ont pas un langage élaboré et qui n'arrivent pas à s'exprimer avec des mots. Alors ils le font avec des gestes. Ils ne parviennent pas à dire : « Je ne suis pas d'accord », aussi ils tapent pour le signifier. Ils ne savent pas dire : « Je veux ce jouet », alors ils le prennent des mains de leur copain.

Ce sont pour les autres les premières agressions et ils sont logiquement effrayés. Très vite, ils vont s'en défendre mais, au départ, ils ne comprennent pas ce qui leur arrive. C'est pourquoi il est bon, dans les semaines ou les mois qui précèdent, de préparer l'enfant à cette confrontation. De le mêler aux autres. Cela se fait souvent dans les parcs, au cours des réunions de famille ou amicales avec d'autres enfants.

Le bruit

C'est peut-être, de prime abord, ce qui va choquer le plus votre enfant. Il va débarquer dans un monde très bruyant. Le niveau sonore d'une classe de maternelle n'a rien à voir avec ce qu'il connaît. Même pour des adultes, c'est assez dur à supporter. Surtout les premiers jours de maternelle où il y a des colères, des pleurs... Et puis les activités en petite section sont plus bruyantes que dans les autres classes. Les élèves se déplacent davantage, ils ne peuvent rester assis trop longtemps. Tout cela fait beaucoup de bruit or les classes ne sont pas toujours bien insonorisées.

Progressivement, les adultes de la classe vont apprendre aux enfants à parler moins fort, à chuchoter parfois, mais cela prend du temps et nécessite beaucoup d'énergie car il faut sans cesse leur rappeler de baisser la voix.

Le rythme

L'enfant en intégrant l'école va aussi et surtout changer de rythme par rapport à sa vie habituelle. Il va rentrer dans un emploi du temps dont il ne pourra dévier, avec ses obligations et ses exigences. C'est d'autant plus contraignant pour lui qu'en septembre il sort d'une période de vacances avec ses parents où il y a encore moins de contraintes que d'habitude. Chaque jour il ira en récréation à la même heure. Qu'il en ait envie ou pas. Qu'il neige ou qu'il vente. Pas de : « Mon petit chéri, il fait froid, tu vas rester au chaud. » Sauf, bien entendu, si son école a la chance d'avoir une salle suffisamment grande pour accueillir la récréation !

Il devra ensuite suivre la classe, participer à la séance de motricité, se mêler au groupe qui court, saute... Souvent les enfants calmes sont au début effrayés par tant d'agitation. Et puis ils s'habitueront. Et s'amuseront comme les autres, finiront par se joindre avec allégresse à la joyeuse troupe.

Le groupe

L'enseignante gère un groupe-classe, elle ne peut donc parler à votre enfant de manière individuelle tout le temps. Ce ne sera plus « mon petit Léo », « ma petite Rachida », mais « les enfants ». La maîtresse ou l'aide maternelle s'adressent le plus souvent à eux de manière collective. D'ailleurs, au début, un certain nombre a du mal à comprendre cela. Ils restent assis, ne se sentent pas concernés par la consigne puisqu'on ne la leur a pas signifiée personnellement ! Pour la maîtresse, ils ne sont pas encore 1+1+1+1... mais un collectif. D'autant qu'il faut un peu de temps pour les identifier, connaître les prénoms puis saisir les personnalités de chacun, *a fortiori* les premiers jours quand on est dans l'obligation de gérer un groupe. Et un groupe qui ne connaît pas encore de règles. Ce n'est que plus tard que l'on va aborder les spécificités de chacun.

Les adultes

Votre enfant va devoir apprendre à écouter de nombreux adultes. En plus de ses deux « référents » – sa « maîtresse ou son maître » et l'assistante maternelle –, il aura comme interlocuteurs les autres enseignants et assistantes maternelles au moment de la récréation ou de la cantine. Parfois cela pose problème car les enfants n'osent pas s'adresser à ces autres adultes. Ils cherchent leur maîtresse et du coup n'osent pas dire leur problème du moment. En revanche, j'ai remarqué qu'ils identifiaient bien le directeur ou la directrice, ils repèrent assez facilement le détenteur de l'autorité. Certainement quelque chose qui vient du fond des âges. Une permanence ancestrale du rapport au chef peut-être.

Les consignes

« Petit d'homme » va aussi se confronter pour la première fois ou presque à la notion d'effort. Jusque-là, à la garderie ou à la maison, pour l'essentiel il jouait. Maintenant, même si c'est sous forme ludique, il va se livrer à un apprentissage avec les contraintes que cela signifie. Il va développer des compétences. Bien sûr, on est très loin de ce qu'on va exiger de lui dans les années à venir, mais il y aura beaucoup de consignes. Il ne fera pas ce dont il a envie.

Enfin, il va découvrir la règle. Pour pouvoir vivre ensemble, la classe est régie par un certain nombre de règles de vie que l'enfant va devoir comprendre et intégrer. Sinon, la classe devient vite un zoo. Il y a un permis et un défendu. Cela doit être le cas à la maison mais là, c'est une règle qui doit être respectée par tous. Ce qui matérialise ses premiers pas en société.

Dois-je mettre mon enfant à l'école toute la journée au début de la petite section ?

Si on en a la possibilité financière et/ou organisationnelle, ce qui n'est pas du tout évident, il est préférable au début de commencer à scolariser son enfant seulement le matin. Cela va lui permettre de faire une rentrée en douceur. Il va ainsi assimiler tous les « changements » expliqués précédemment de manière graduelle. En classe, dans les premières semaines, on voit souvent des enfants bâiller dès 10 h 45. Ils sont fatigués. Ils cherchent leurs parents. C'est très largement le cas pour les enfants nés en décembre. Ils connaissent un vrai décalage avec leurs camarades avec qui ils ont parfois près d'un an d'écart. À cet âge-là, c'est énorme. Ils ont du mal à suivre le rythme, ont encore parfois un « langage bébé ». Ils sont souvent passifs, semblent absents à la vie de la classe et pourraient passer inaperçus si l'on n'y prenait pas garde. Ils sont affolés par les autres enfants qui parlent mieux qu'eux, qui comprennent les consignes plus vite. Le temps qu'ils réalisent et la classe est déjà passée à autre chose. Aussi, pour eux, c'est vraiment une bonne chose que d'alléger le rythme.

De toute façon, quel que soit l'enfant, venir une demi-journée permet de ne pas vivre toutes ces étapes de manière soudaine : la collectivité, la cantine, la sieste en groupe... c'est épuisant. D'autant plus si, auparavant, il n'a pas été à la crèche. Et même chez les enfants qui ont fréquenté la garderie, certains ont du mal à supporter le rythme d'une journée à l'école. Leurs parents sont toujours surpris, ils nous disent : « À la crèche, ça allait très bien toute une journée. » Simplement, ce n'est plus le même rythme. Pour exemple, à la crèche, les enfants peuvent dormir tout l'après-midi alors que ce n'est pas du tout le cas à l'école.

Aussi, et toujours pour ceux qui peuvent se le permettre, je préconise de commencer avec la demi-journée et, après l'hiver, d'habituer l'enfant à venir progressivement l'après-midi afin d'être prêt pour la moyenne section. Par ailleurs, en gardant ainsi une nounou l'après-midi, si ce n'est pas l'un des parents, on a un recours lorsque l'enfant tombe malade.

Mais, bien entendu, c'est un conseil à l'attention des familles qui peuvent s'organiser ainsi. Beaucoup ne le peuvent pas, c'était mon cas. Et mes enfants ont survécu !

Chapitre 2
Qu'apprend-on en petite section ?

La plupart du temps, les parents ne se rendent pas complètement compte que la petite section a une vraie fonction dans le développement de l'enfant. C'est même un élément fondamental dans le parcours scolaire. Se jouent, durant cette année-là, des moments et des passages cruciaux dans son existence. En effet, c'est en petite section qu'il va initier ses apprentissages. Or, souvent, les parents s'imaginent que cela va consister en une année de plus de garderie mais il n'en est rien. En effet, lorsqu'ils viennent chercher leur enfant, leurs questions sont d'ordre purement matériel – « Alors, il a bien mangé ? Il a beaucoup dormi ? » – alors qu'une journée de classe ne se limite heureusement pas à la cantine et à la sieste !

L'apprentissage en petite section est très encadré et défini par des textes officiels et un programme bien déterminé que l'enseignante va devoir suivre.

Les bases

Pour ce qui est de l'école maternelle dans son ensemble, « elle a pour finalité d'aider chaque enfant à devenir autonome, à s'approprier les connaissances et les compétences afin de réussir au cours préparatoire les apprentissages fondamentaux c'est-à-dire lire, écrire, compter. L'objectif essentiel est l'acquisition d'un langage oral riche, organisé et compréhensible par l'autre. Il exerce ses capacités motrices, sensorielles, affectives, relationnelles, intellectuelles, il devient progressivement un élève. » Voilà pour les instructions officielles. Elles montrent bien que l'enfant intègre un vrai processus scolaire. C'est dit, en petite section, votre enfant entre véritablement à l'école. Et c'est pour cela qu'il convient de prendre en compte les consignes, les conseils, les propos de l'enseignant, car ce qui se joue à ce moment-là est souvent capital pour le devenir de l'enfant. Comme notre enfant est tout petit, on a tendance, en tant que parent, à ne pas prendre totalement au sérieux ce qu'il réalise à l'école en petite section les suggestions du maître. Pourtant, il faut y faire attention autant que lorsqu'il sera en primaire. Les enjeux y sont aussi grands. Sinon davantage.

Par exemple, l'appropriation du langage. C'est en effet en petite section que l'enfant élabore sa manière de s'exprimer. Or le langage c'est le pivot de l'apprentissage. C'est tellement fondamental que nous y consacrerons un chapitre entier un peu plus loin dans ce livre.

En petite section, votre enfant va aussi découvrir l'écrit. D'abord avec des supports que l'on montre en classe comme des affiches aux murs, des livres, des revues, des recettes... Mais il va aussi découvrir « la langue écrite » avec des textes lus au quotidien par l'enseignant et qui sont suivis d'échanges avec la classe. Il va également apprendre les gestes de l'écriture en observant et en reproduisant des motifs graphiques. On comprend très bien que ces premiers apprentissages sont fondamentaux. S'ils se réalisent dans de bonnes conditions, la lecture et l'écriture en seront facilitées. En fait, la maternelle est la phase préparatoire à tout le reste de la scolarité de l'enfant. Or c'est comme en toute chose, un voyage par exemple, si on le prépare bien en amont, il sera plus facile et l'on s'évitera beaucoup de problèmes sur place.

Devenir un élève

L'enfant, au travers de cette année-là, ne va pas uniquement se préparer à compter, lire, écrire, il va aussi apprendre à devenir un élève. Et c'est tout aussi important pour le reste de sa scolarité car cela va conditionner son rapport à l'école. Ainsi, il va apprendre à vivre avec autrui. On lui explique la politesse, le respect des autres, du matériel, de la règle. Chaque jour, l'actualité nous montre combien c'est un apprentissage fondamental qui bien sûr ne doit pas être fait qu'à l'école.

De même, durant cette première année, on apprend à coopérer, à devenir autonome, on prend goût aux activités collectives. On s'intéresse à ce que font les autres et à son tour on prend des initiatives. C'est ainsi que l'enfant comprend petit à petit ce qu'est l'école, ce qu'on y attend de lui, ce qu'il va y apprendre et pourquoi. Il va ainsi progressivement accepter un rythme d'activités et de consignes collectives. Il fait son entrée en société !

Son rapport au corps

Il est un autre point fondamental de la petite section, et qui l'est tout aussi dans l'épanouissement de l'individu, c'est le rapport à son corps. L'enfant va agir et s'exprimer avec son corps. Il devra tous les jours ou presque effectuer des exercices de « motricité », qui contribuent à son développement moteur, sensoriel, affectif et intellectuel. Il prend conscience de ce qu'on appelle le schéma corporel. L'enseignant met en place un certain nombre d'activités dans ce but. L'enfant travaille par exemple les déplacements : courir, sauter, rouler, glisser, ramper. Il manipule, agite, tire, pousse. À travers des jeux de balle, il lance, reçoit. On installe des jeux « à règles » afin qu'il coopère avec les autres, qu'il accepte la contrainte collective. On lui fait faire des rondes, des danses, des mimes. Ces exercices ont une fonction précise à la fois pour la découverte et le développement moteur de son corps mais l'amènent aussi à connaître l'autre et à l'accepter. Par exemple, il ne doit pas refuser de donner sa main à un camarade pour faire une ronde et ce n'est pas toujours évident ! C'est un pas dans la socialisation d'un petit être. De même, il va se livrer à des parcours qui vont lui permettre de se repérer dans l'espace (devant, derrière, dessus, dessous, loin, près...).

Découvrir le monde

Il a trois ans, c'est alors le moment pour lui de découvrir le temps et l'espace. C'est en effet en petite section qu'il va découvrir les repères dans ces deux dimensions, ainsi que d'autres notions fondamentales.

Le temps

L'organisation régulière d'un emploi du temps permet aux enfants d'apprendre à se situer dans la journée, entre le matin et l'après-midi.

Ils comprennent qu'après les exercices de motricité, c'est la récréation puis les ateliers. De nombreux rituels les aident dans ce difficile apprentissage. On fait un appel le matin, on sonne une cloche pour le rangement, on fait un petit train pour aller à la gym. Au début, ils mélangent tout. Ils demandent régulièrement : « Est-ce que c'est l'heure de la cantine ? » alors qu'ils ont déjà mangé ! Ou bien : « C'est l'heure des mamans ? » alors que nous n'en sommes qu'à la première récréation du matin. De la même manière, le soir, en vous racontant leur journée, ils vont vous expliquer qu'ils sont allés au « pestacle » alors qu'ils s'y sont rendus trois jours avant. C'est tout à fait normal, ils n'ont pas encore la notion du temps. Mais petit à petit, ils vont prendre conscience du rythme journalier et ainsi mieux l'appréhender. Il y a des activités pour les y aider. On prend par exemple des photos tout au long de la journée et ensuite les enfants apprennent à remettre dans l'ordre sur un panneau les différents moments. Ils assimilent ainsi la chronologie des évènements.

Progressivement, ils perçoivent la succession des instants de la journée, puis ceux des jours et des mois grâce à un calendrier ou un éphéméride installé par l'enseignante. Les anniversaires sont pour cela des occasions importantes, de même qu'un travail sur les saisons œuvre en ce sens...

L'espace

Les enfants apprennent d'abord à se repérer dans la classe. Il y a différents endroits qui sont spécifiques à des tâches bien définies. Il y a ainsi le coin regroupement pour le langage, le coin bibliothèque, le coin cuisine, le coin voiture, le coin peinture... Il existe aussi un meuble pour les jeux mathématiques, un autre pour le graphisme, un pour les puzzles, un autre pour les cahiers... Tous ces emplacements sont repérables afin que les enfants puissent les identifier.

En plus de la classe, ils doivent se repérer dans l'école, qui forme un petit monde pour eux avec la cour, la cantine, le bureau du directeur, les autres classes, la salle de motricité. C'est dans ce dernier lieu qu'ils vont travailler d'une autre manière la notion d'espace avec des parcours ou des jeux collectifs.

Découvrir le vivant

Les enfants vont observer différentes manifestations de la vie. Il y a plusieurs façons de le faire. La traditionnelle sortie au parc pour scruter la nature en automne, ramasser les feuilles, les bogues de marrons, pour ensuite les observer en classe, les trier, les nommer. De même au printemps, pour voir la nature s'éveiller. Il y a les éternelles plantations de la classe qui permettent d'examiner la croissance. Les élevages d'animaux sont de plus en rares en raison des risques d'allergies, d'autant qu'elles ne sont pas toujours identifiées à cet âge-là. En revanche, les visites occasionnelles d'un animal en classe sont les bienvenues ; on peut observer et décrire un lapin dans sa cage, par exemple.

Découvrir les formes et les grandeurs

À travers la manipulation d'objets, l'enfant repère des propriétés simples telles que : petit, grand, lourd, léger... Ensuite, l'enseignant met en place des ateliers afin de comparer, de classer selon la forme (triangle, rond, carré...) et la taille. À chaque occasion qui se présente, la maîtresse va inciter les enfants à utiliser les notions découvertes et à employer le vocabulaire adéquat.

Apprendre les quantités et les nombres

Eh oui, à trois ans les enfants vont se confronter pour la première fois aux mathématiques. Ils apprennent en effet la suite des nombres, c'est-à-dire à compter de plus en plus loin. L'enseignant procède par des comptages quotidiens comme le nombre d'absents et de présents, le nombre d'enfants qui se rendent à la cantine... Souvent certains enfants sont fiers de savoir déjà compter jusqu'à 3, 5, 10 voire plus. Mais, la plupart du temps, ils ont mémorisé cette suite de nombres sans y mettre du sens. L'enseignant va donc organiser des séances d'apprentissage afin de leur faire comprendre la notion de quantité en utilisant des jeux pédagogiques pour dénombrer. Dans le coin cuisine, on peut jouer à préparer la soupe avec les légumes présents dans un panier. L'enfant doit être capable de les compter en les pointant du doigt et de dire combien il y en a au final. En effet, lorsque les élèves ont terminé de dénombrer des objets, et qu'on leur demande combien il y en a, ils recommencent souvent à compter... On met donc en place des jeux au quotidien pour compter, dénombrer, distribuer, comparer, partager, qui vont amener l'enfant à donner du sens aux nombres.

Découvrir l'écrit

C'est en effet en petite section que l'on met en place les fondations de l'apprentissage de l'écriture. Par exemple, on va apprendre à bien tenir son crayon. C'est ce qu'on appelle « la pince » et il faut beaucoup de patience à l'enseignante car, dès qu'elle a le dos tourné, les petits malins reprennent une position qu'ils trouvent plus aisée mais qui ne leur permettra pas d'écrire correctement par la suite...

Beaucoup d'adultes peuvent témoigner qu'ils écriraient beaucoup mieux aujourd'hui si, enfants, ils avaient pris l'habitude de bien tenir leur stylo. De la même manière, on apprend à se servir des ciseaux, avec le pouce au-dessus. En fait, c'est un ensemble de petites choses qui, directement ou indirectement, vont aider à l'apprentissage ultérieur de l'écriture.

Les classes de petite section sont ainsi remplies de panneaux d'affichage, alors que les enfants ne savent pas encore lire. Eh bien, c'est tout simplement pour qu'ils « baignent » dans un environnement d'écrits et que cela leur devienne familier. Par exemple, quand ils apprennent une chanson, on l'affiche au mur. Et lorsque je dis à mes élèves que nous allons chanter cette chanson, ils me montrent l'affiche correspondante. Ils associent de cette manière l'écrit et l'oral.

De même, chaque jour, les enfants de petite section écoutent des histoires pour leur donner le goût de la lecture, le plaisir des mots. Ils doivent pour cela rester calmes, se concentrer afin de ne pas gêner la lecture et attendre la fin de l'histoire pour poser des questions ou faire des remarques. Et croyez-moi, cela a l'air simple mais c'est un long et patient travail pour parvenir à obtenir un auditoire serein. Au début, il faut expliquer aux enfants qu'ils ne peuvent pas monter sur les genoux de la maîtresse comme à la maison car celle-ci n'a pas assez de genoux pour tout le monde. Ils sont assez déconcertés par cette nouvelle !

Petit à petit, à leur rythme, ils apprennent à reconnaître leur prénom. Dans ma classe, chaque prénom est écrit en gros sur une étiquette où figure également la photo de l'enfant. Au fur et à mesure de l'année, j'enlève la photographie non sans avoir effectué au préalable des activités de repérage de lettres et des jeux de reconnaissance. Certains enfants sont plus avantagés que les autres, ceux notamment qui ont dans leur prénom un signe distinctif comme un accent circonflexe (Côme) ou bien ceux qui ont des prénoms courts (Léa, Lou).

Souvent les parents sont inquiets lorsqu'ils s'aperçoivent que d'autres enfants reconnaissent déjà leur prénom et pas leur fils ou leur fille. Ne vous stressez pas. C'est un leitmotiv de la petite section : chaque enfant va à son rythme !

Percevoir, sentir, imaginer, créer

Le développement de l'imaginaire est un passage essentiel de la petite section. Durant toute cette année, l'enfant va expérimenter divers outils, utiliser des feutres, des crayons de couleur, de la peinture, de la colle, des plumes, de la pâte à sel, des boutons... Il construit des objets en collant, en assemblant, en modelant, en déchirant, en peignant, bref toutes sortes d'activités qu'ils adorent à cet âge-là.

Parfois, certains ne veulent pas toucher la peinture ; ils n'entendent pas se salir les mains ! C'est souvent par crainte de se tacher. Aussi, mettez-leur des vêtements qui ne craignent rien et que vous n'êtes pas ennuyés de voir revenir tachés. Sinon, cela gâche pour eux le plaisir de plonger leurs mains dans la peinture, de « patouiller ». Parallèlement à ces activités manuelles, on sollicite leur imagination, on tente de les initier à l'art en leur montrant des reproductions de tableaux de maîtres, en les observant et en les décrivant avec eux. L'enseignante prévoit des ateliers dont l'objectif est de faire réaliser « une œuvre d'art » par l'enfant en s'inspirant de techniques utilisées par un artiste ou en faisant « à la manière de... ».

Voix et écoute

En petite section, on chante tous les jours. On chante des chansons issues de la tradition orale, celles du répertoire traditionnel enfantin (« Une souris verte »), et des auteurs contemporains. On chante et on récite des comptines pour le plaisir mais aussi pour apprendre à mémoriser, pour jouer avec sa voix, avec les rythmes, pour bouger... On écoute des œuvres musicales variées, classiques, modernes, instrumentales. On peut aussi utiliser des instruments, les élèves adorent !

C'est un tour d'horizon très résumé de tout ce qui est abordé en petite section mais qui permet de comprendre la finalité de cette classe et de saisir combien tout est pensé en fonction d'objectifs bien définis. Lorsque l'enfant raconte sa journée ou lorsque les parents voient ses cahiers, ils ne perçoivent pas toujours la logique ou la finalité de tous ces exercices. Mais en fait, ils s'inscrivent dans un programme et ont tous pour but le développement et l'épanouissement de l'enfant. On comprend alors pourquoi cette classe tient un rôle fondamental dans le parcours d'un petit garçon ou d'une petite fille. Et que beaucoup de choses se mettent en place chez l'enfant à ce moment-là.

Quels apprentissages puis-je initier avant la rentrée ?

D'abord et surtout il ne faut pas tenter d'enseigner les apprentissages aux enfants avant qu'ils entrent à l'école ou même pendant qu'ils y sont. Comme plus tard, il ne faudra pas essayer d'apprendre à lire à son fils ou sa fille à la place de la maîtresse. D'abord parce que cela relève d'une vraie compétence et que l'on peut faire des erreurs, ensuite parce que du coup l'enfant s'ennuiera en classe lorsque l'apprentissage sera au programme. Ainsi, évitons d'apprendre à l'enfant à écrire son prénom. C'est du ressort du maître ou de la maîtresse car il est fondamental d'apprendre à tracer les lettres dans le bon sens. En revanche, on peut commencer de manière ludique à aider son enfant à compter. En effet, c'est un long apprentissage et qui peut très bien être initié par les parents. La vie quotidienne s'y prête. Exemple : « On va mettre la table. Il nous faut quatre assiettes. On va vérifier : une, deux, trois et quatre assiettes. » Ou encore : « On va compter tes doigts : un, deux, trois, quatre, cinq. » Cela amuse les enfants et incidemment leur permet d'entrer dans le monde des chiffres. Concernant la numération, j'ai pu constater que ceux qui arrivent à l'école avec des notions demeurent plus à l'aise durant l'année car ils continuent à progresser tandis que les autres en sont au stade de la découverte. Et le décalage avec ceux, souvent les plus jeunes, qui n'avaient aucune notion de numération se maintient malgré les efforts de l'enseignant.

On peut également jouer avec les couleurs afin que les enfants soient plus à l'aise à l'école. C'est en effet bien pratique qu'ils connaissent au moins quatre couleurs : le rouge, le jaune, le bleu et le vert. Il y a mille occasions à la maison de découvrir les couleurs. Exemple : « Prends un cube rouge, le même que celui que j'ai, pour construire une tour avec moi. » Ou encore : « Aujourd'hui, on va mettre ton pantalon bleu... » À l'école, on fait souvent des groupes de couleur pour organiser et répartir les enfants dans les ateliers. S'il sait les reconnaître, cela lui facilitera la tâche.

Chapitre 3
Comment préparer son enfant à l'entrée à l'école ?

On l'a dit, on le répète, l'entrée à l'école constitue un grand bouleversement pour un enfant. Aussi il est bon de le préparer à cette échéance. Bien entendu, cela ne peut s'opérer au dernier moment...

La propreté

La première grande affaire de cette rentrée, c'est la propreté. Votre enfant ne pourra être accepté à l'école s'il n'est pas propre. C'est une condition *sine qua non*. Par ailleurs, c'est un signe de maturité. C'est aussi une différence avec la crèche. À l'école, les couches ne sont pas acceptées.

Il ne faut surtout pas attendre les dernières semaines pour régler ce problème, car cela met de la pression sur les enfants. Certains parents comptent sur le choc psychologique de la rentrée, mais cela ne fonctionne quasiment jamais. Or je vous assure que les enseignants n'auront aucune indulgence pour les parents qui n'ont rien entrepris. Et on le décèle très vite. Il faut bien comprendre que la classe compte une trentaine d'enfants et que l'aide maternelle et la maîtresse ne peuvent devenir des « dames-pipi ». D'autant que si elles sont occupées à changer deux enfants, que devient la classe ? C'est une situation vraiment ingérable. On peut tolérer des petits accidents, cela arrive avec le stress de la rentrée, la séparation, mais on parvient facilement à voir à la réaction de l'enfant s'il s'agit d'un accident ou d'une habitude !

D'autres parents comptent sur l'été, sur le fait que l'enfant soit en maillot de bain. Cela marche quelquefois mais ce n'est pas un risque à prendre. Il faut anticiper ! Le mieux, c'est de commencer bien avant le mois de janvier. Cela permet d'éviter la pression sur l'enfant ou encore le chantage affectif : « Si tu n'es pas propre, tu n'iras pas à l'école. » Un chantage qui donne déjà une mauvaise image de l'école à l'enfant, tout du moins une connotation négative. Peut-être aussi, certains enfants auront-ils compris que pour rester avec maman, il est préférable de ne pas être propre...

À la maison, on peut utiliser des couches intermédiaires, c'est-à-dire des couches que les enfants sont susceptibles de remettre tout seul. Cela les « autonomise ». Il ne faut pas hésiter à montrer comment on fait. Le papa montre au fils par exemple. Il faut aussi leur apprendre à s'essuyer. Car parfois des enfants nous arrivent, ils sont effectivement propres, mais ils ne savent pas s'essuyer. Or la maîtresse ne peut essuyer trente enfants plusieurs fois par jour... De la même manière, il convient qu'ils sachent descendre et remonter leur pantalon ou leur jupe. Souvent, ils attendent qu'on vienne leur défaire mais quand vous avez trente enfants, ils peuvent attendre longtemps ! Tout comme ils doivent être en mesure de se rendre seuls aux toilettes. Car en récréation, par exemple, on peut surveiller une bonne soixantaine d'enfants au moins. Il est évident qu'on pourra difficilement repérer celui ou celle qui a envie d'aller aux toilettes. En fait, la vraie propreté, c'est d'être autonome aux toilettes. Avec, en supplément, la faculté de se laver les mains après. En général, ils sont fiers d'y parvenir seuls et puis cela leur permet de vite retourner jouer. C'est donc tout un ensemble de gestes qui relèvent de l'apprentissage des parents et non de l'école.

Manger seul

En arrivant à l'école, votre enfant doit être en mesure de manger tout seul. Autant pour lui que pour les personnes en charge de la cantine. Suivant les écoles, les salles de cantine accueillent plusieurs dizaines voire jusqu'à quatre-vingts enfants de maternelle, ce qui en fait d'ailleurs un lieu très bruyant. Vous comprendrez aisément que, dans ce contexte, si le petit garçon ou la petite fille s'avère incapable de se débrouiller seul, il ou elle risque de ne pas manger grand-chose. Encore à cet âge, certains enfants mangent chez eux avec la main ou avec une cuillère. Ce n'est plus possible, il faut qu'ils sachent aussi se servir d'une fourchette. Et qu'ils réussissent à porter les aliments à leur bouche. Même si elles les aident au début, les personnes qui s'occupent d'eux ne peuvent matériellement pas donner la becquée à des dizaines d'enfants.

On n'y pense pas toujours mais il est bien aussi de faire découvrir différents goûts à votre enfant avant d'arriver à l'école où il sera forcément confronté à des saveurs nouvelles. Et s'il n'en a pas l'habitude, eh bien il ne mangera rien. La cantine n'est en effet pas l'endroit propice pour s'initier à de nouveaux aliments. Or il arrive que des enfants n'aient jusque-là mangé que des petits pots ou des plats préparés et n'aient jamais mâché de morceaux ! À la cantine, ce sont de vrais plats. Les petites sections mangent la même chose que les grandes sections.

De plus, apprenez-leur à manger sans bavoir et à s'essuyer les mains et la bouche avec une serviette. Sinon, les premiers temps, vous les retrouverez le pull barbouillé de sauce tomate... Enfin, ne les laissez pas dans leur chaise haute jusqu'à la rentrée. Il faut qu'ils soient capables de rester assis sur une chaise. Souvent, les enfants qui n'y ont pas été habitués se lèvent sans cesse de table car ils n'en avaient pas la possibilité jusqu'à présent. Ce n'est pas de cette façon qu'ils pourront profiter de leur repas !

La tétine

Je vais le dire tout net : je suis contre la tétine. Et pour plusieurs raisons. D'abord ce n'est pas bon pour les dents. Elle les déforme... Ensuite, la tétine est véritablement néfaste à la prononciation. J'ai remarqué en effet que la plupart des enfants qui disposent de tétines ont des difficultés d'articulation. Par ailleurs, elle n'aide pas celui qui la porte à aller vers l'autre, à communiquer.

En général, la tétine n'est pas acceptée en classe. Elle est parfois tolérée dans certaines écoles à la sieste. Il faut donc préparer l'enfant à s'en passer dans la journée. Sinon, ce manque va constituer une difficulté supplémentaire les premiers temps à l'école. Ce n'est pas la peine de lui ajouter des problèmes. Parfois, des parents glissent en cachette la tétine dans la poche pour rassurer. Là encore, il faut l'éviter car les adultes doivent montrer à leurs enfants qu'il faut respecter les règles de l'école.

Les doudous

Contrairement à la tétine, le doudou est le bienvenu à l'école (s'il n'y en a qu'un et de taille raisonnable) car il fait le lien entre les parents, le domicile et la classe. C'est « l'objet transitionnel », il rassure l'enfant, le réconforte lorsqu'il a un chagrin. C'est pourquoi nous avons une boîte à doudous. Mais, bien entendu, c'est forcément un endroit à microbes. Il arrive qu'il y ait des sacs ou un petit casier au porte-manteau de chaque enfant pour ranger le doudou. Les premiers jours, on le laisse aux enfants afin que la séparation avec la maison se fasse plus en douceur.

Progressivement, l'enseignante va inciter les enfants à déposer leur doudou dans l'endroit prévu à cet effet pendant la récréation, en leur expliquant qu'on risque de le perdre dehors, ou lors de la motricité, parce qu'on ne peut pas sauter, courir, grimper avec, etc., jusqu'à ce que l'enfant ne le prenne qu'au moment de la sieste ou en cas de cafard.

Les enfants qui rentrent déjeuner chez eux n'en auront par la suite plus besoin le matin, et on pourra le leur suggérer en les encourageant de la sorte : « Comme vous êtes grands maintenant, vous n'avez peut-être plus besoin de votre doudou le matin. »

S'habiller

Nous l'avons partiellement évoqué dans le passage sur la propreté, mais l'autonomie dans l'habillage est également nécessaire afin de faciliter la vie de votre enfant à l'école. Et cela aussi, ça s'anticipe. Ainsi apprenez-lui avant la rentrée à enfiler son manteau tout seul.

Petite astuce : placer le manteau par terre manches écartées. L'enfant s'assied dessus, enfile les manches, et se met debout. Dites-lui par exemple : « C'est ton manteau vert. » Cela permet de travailler les couleurs tout en l'identifiant. Surtout, si durant l'année vous lui en achetez un nouveau, faites bien ce travail de reconnaissance si vous ne souhaitez pas le voir rentrer avec un autre manteau, en général nettement moins neuf ! En revanche, c'est normal qu'il ne sache pas le fermer, il va l'apprendre durant l'année. Apprenez-lui aussi à enfiler ses chaussures, il devra le faire en se réveillant de la sieste. Tout comme enfiler un pull…

Quels vêtements prévoir pour aller à l'école ?

Pour ce qui est des pantalons, nous conseillons vivement les pantalons élastiques. C'est beaucoup plus simple d'utilisation. En revanche, il convient de bannir les bretelles et les salopettes. Pour les filles, mieux vaut éviter les jupes avec un collant car c'est compliqué pour aller aux toilettes. Un caleçon ou « legging » est plus facile à manipuler si vous tenez absolument aux jupes ! S'agissant des chaussures, il est vivement recommandé de donner des chaussures à scratches et non des chaussures à lacets. Imaginez que l'on doive nouer soixante lacets plusieurs fois par jour car ils tirent dessus pour s'amuser ! De même, achetez des moufles reliées par un cordon plutôt que des gants. Quelle perte de temps pour tous quand on doit enfiler trois cents doigts à chaque récréation ! Pas d'écharpes, cela peut être dangereux en récréation, mieux vaut privilégier les tours de cou. Évitez également les doubles manteaux, ces manteaux deux en un avec souvent une polaire détachable. Les enfants éprouvent beaucoup de difficultés à les enfiler. C'est frustrant pour eux. Choisissez plutôt des vêtements dans lesquels ils sont à l'aise et qu'ils peuvent tacher sans trop de conséquence. Enfin et surtout, ô oui surtout, MARQUEZ toutes les affaires de vos enfants. Par pitié ! Les manteaux, les pulls, les bonnets, les chaussures, les moufles, le doudou…

Car les affaires se trouvent forcément mélangées à celles des copains de la classe mais aussi à celles des enfants des autres classes, et nous ne savons pas à qui appartient chacune d'elles. Et votre enfant, à trois ans, ne le sait pas davantage. Petit conseil subsidiaire qui peut paraître évident, mais l'expérience m'invite à le donner quand même : adaptez les vêtements à la saison. Il nous arrive fréquemment de voir des enfants sans manteau en hiver et inversement des enfants chaudement vêtus au printemps.

Y a-t-il des choses pratiques à faire avec son enfant pour l'éveiller avant la rentrée ?

On peut préparer l'enfant au « travail » qui l'attend à travers quelques activités d'éveil. Sans bien sûr vouloir absolument le pousser. Par exemple, lorsqu'il veut dessiner il est bien de lui montrer comment on tient un stylo. Tous les enfants ou presque aiment dessiner. Il faut leur mettre à disposition des gros feutres lavables ou des gros crayons de couleur adaptés à leurs doigts. Si d'aventure, ils prennent le stylo la main à l'envers, il faut tout de suite rectifier le geste sinon ils vont prendre une mauvaise habitude difficile à corriger. Au départ, c'est normal qu'ils prennent le crayon de toute leur main. Il faut alors leur montrer le bon geste, c'est-à-dire celui de la pince – crayon entre le pouce et l'index, et le majeur en dessous pour soutenir. Cela les aidera pour le graphisme et par la suite pour l'écriture. La tenue du crayon est très importante pour la précision du geste. Parallèlement, la pâte à modeler est aussi une bonne activité. D'abord pour le plaisir mais aussi pour se muscler les doigts ; ils auront ainsi plus de force pour tenir des ciseaux. On peut aussi déjà découper avec eux. Il y a un bon exercice qui consiste à faire des boudins en pâte à modeler et à les découper ensuite. Attention à bien tenir les ciseaux avec le pouce au-dessus et non la main retournée. Cette activité les amuse et en même temps cela leur apprend le geste de la tenue des ciseaux. Car on voit souvent des enfants qui n'ont jamais découpé et qui manquent de tonicité dans la main. S'ils se sont exercés auparavant, ils auront plus de facilité pour effectuer les activités proposées. Ce sera une aide pour la maternelle et même plus tard pour le CP...

Chapitre 4
Le grand jour !

Quelques jours avant le jour J

Il faut préparer son enfant à l'idée qu'il va entrer à l'école. Il convient donc de lui expliquer, plusieurs jours avant, de quoi il s'agit, de l'emmener voir l'établissement au moins de l'extérieur pour qu'il le visualise. Ou bien lui décrire le lieu, la cour, la classe, la cantine. Il faut qu'il matérialise le décor dans sa tête afin de ne pas être surpris lorsqu'il va arriver. Parfois la grandeur des bâtiments, comparativement à son espace de vie habituel, impressionne. Ensuite, il faut lui décrire l'ambiance. Lui expliquer qu'il va y avoir beaucoup d'enfants avec qui il va pouvoir jouer. C'est une manière positive de lui présenter l'école. Il faut aussi lui indiquer les finalités de l'école, tout ce qu'il va y faire – dessiner, chanter, faire de la gym, de la pâte à modeler, etc. –, tout ce qu'il pourra apprendre, comment cela lui permettra de devenir grand. Pour le rassurer, précisez que des adultes vont s'occuper de lui, racontez-lui le rôle du maître ou de la maîtresse, de l'aide maternelle. Plus il arrivera avec une idée assez claire de ce qui l'attend et plus il sera à l'aise les premiers jours. Enfin, soyez bien explicite sur le fait qu'il va rester le matin ou toute la journée à l'école. Dans ce dernier cas, parlez-lui de la cantine, puis de la sieste et surtout expliquez bien qu'au terme de cette journée vous viendrez le chercher. C'est fondamental.

La veille

Vous avez un travail important et méticuleux de préparation. Sans dramatiser, sachez que tous ces petits détails accumulés vont considérablement faciliter la journée de rentrée.

En premier lieu, préparez ses vêtements et surtout faites-le avec lui. Je le répète, mais c'est tellement important, mettez-lui des vêtements pratiques et qu'il aime bien, dans lesquels il se sent à l'aise. Ce n'est pas grave s'il n'est pas tiré à quatre épingles, si elle n'a pas mis sa plus belle robe. C'est une louable attention mais, au final, cela risque de le corseter. La petite fille aura peur de tacher sa belle robe avec les feutres, même chose pour le garçon et sa chemise neuve. Non, franchement, prenez des affaires confortables.

Ensuite, réalisez deux grandes étiquettes autocollantes sur lesquelles vous écrirez en gros son nom et son prénom, indiquez aussi cantine et garderie, s'il y va. Collez une étiquette sur son pull et l'autre sur son manteau. Cela permettra aux adultes de l'appeler par son prénom, de l'identifier et enfin de savoir s'il va ou non à la cantine et à la garderie. De la même façon, il faut marquer son doudou car on retrouve souvent plusieurs doudous identiques.

Si vous avez des informations importantes comme, par exemple, une allergie, une difficulté d'audition, notez-les sur un papier que vous donnerez à la maîtresse car elle n'aura pas forcément le temps d'écouter les trente parents ce matin-là ou ne retiendra pas toutes les informations concernant les élèves.

Prévenez votre employeur que vous risquez d'arriver un peu plus tard que d'habitude le lendemain... C'est en effet mieux si vous pouvez prendre le temps nécessaire pour le laisser à l'école. Si cela vous est possible, prenez une RTT ce jour-là afin de ne déposer votre enfant à l'école que le matin pour qu'il ait une première journée moins fatigante.

Le jour J

Ce matin-là, réveillez votre enfant suffisamment à l'avance pour ne pas avoir à lui dire : « Dépêche-toi ! »

Vérifiez que vous avez bien pris le doudou !

Nous y reviendrons mais, bien entendu, pas de télé le matin avant de partir. Si vous y allez en voiture, évitez la radio, c'est bien qu'il soit au calme avant d'affronter le grand brouhaha.

En arrivant, si votre enfant ne dit pas bonjour au maître ou à la maîtresse, s'il est intimidé, qu'il se cache, ne vous formalisez pas. L'enseignant n'y prendra pas garde non plus. Il sait qu'il faudra du temps pour apprivoiser ces trente petits inconnus de trois ans...

Si vous avez la possibilité d'entrer dans la classe, laissez votre enfant choisir un jeu. Jouez alors avec lui un moment puis dites-lui que vous devez y aller et que vous allez revenir plus tard.

Ne faites pas durer les adieux même si votre enfant pleure ou s'accroche à vous. Il faut partir. Un bisou et l'air joyeux – même si vous avez le cœur gros –, courage, fuyez !

La maîtresse et l'aide maternelle vont s'occuper de lui, même si elles ne peuvent les prendre tous sur leurs genoux ou dans leurs bras en même temps. Elles vont se relayer auprès de ceux qui pleurent puis vont attirer leur attention en proposant des activités : de la pâte à modeler, un jeu de construction, une chanson, une histoire.

Au début, elles gèrent les urgences : grosses crises de colère, pleurs inconsolables, accidents de propreté... puis, lorsqu'un calme relatif s'installe, elles essayent de parler à chacun pour commencer à établir la relation. Il leur faut alors gagner la confiance de ces petits enfants qui se demandent où ils ont atterri.

Ça y est, vous êtes parti, vous allez discrètement écraser une larme dans la voiture, à l'abri des regards. Vous venez de laisser votre enfant pour ses premiers pas dans ce lieu où il va désormais passer une bonne partie de ses prochaines années. C'est un moment assez symbolique pour lui mais un drôle de moment aussi pour les parents. Chaque année c'est pareil, je vois partir des mamans profondément émues, souvent les papas le sont aussi mais ils réussissent mieux à cacher leur émotion. Quels que soient la sensibilité et le caractère de chacun, la journée sera de toute façon singulière. Pendant que vous regagnez votre travail, l'enfant que vous avez laissé en larmes sera peut-être déjà en pleine activité, jeu ou dessin, tandis qu'un autre qui aura quitté ses parents sans problème sera au contraire complètement hébété. En fait, les réactions des enfants sont sans véritable logique et peuvent surtout s'avérer totalement différentes de la manière dont ils se comportent à la maison. Ce qui est souvent déconcertant pour les parents.

Des enfants très à l'aise en famille, bavards, vont se montrer ce jour-là d'une extrême réserve, timides. D'autres, au contraire, d'ordinaire calmes à la maison, seront très agités en collectivité. On ne peut jamais savoir à l'avance comment ils vont se comporter. Si bien que, le soir, les parents sont souvent incrédules quand on leur explique comment leur enfant a vécu la journée. Certains arrivent à peine à me croire quand je leur dis que je n'ai pas entendu le son de la voix de leur fils, pas même son prénom... Sachez qu'une rentrée est très impressionnante pour un enfant de cet âge, à la fois par le niveau sonore mais aussi en terme de découvertes... Il a besoin de temps pour s'habituer à tout cela, pour s'adapter à ce nouveau monde. C'est pourquoi les enseignantes de maternelle vont tout d'abord se focaliser sur les compétences du « vivre ensemble », sur la découverte de l'école, du fonctionnement de la classe, des copains et des copines. Il arrive que dès les premiers jours les parents nous demandent à la sortie : « Alors, il a fait de la peinture ? » Soyons clairs : on ne peut mettre en place un atelier peinture dans la classe avant un certain temps. Cela signifierait qu'un des deux adultes soit occupé par cet atelier tandis que l'autre gérerait le reste du groupe... C'est impossible. Il faut bien comprendre ce qu'est une classe de petite section durant ces premiers jours de rentrée : un capharnaüm. Vous avez des enfants assis par terre qui pleurent, d'autres prostrés sur un banc avec leur pouce dans la bouche, d'autres encore qui font des crises de colère, certains renversent tout le « coin voitures », d'autres le « coin cuisine ». Prennent un jouet, le reposent aussitôt, et recommencent... Certains essayent de se sauver pendant que d'autres font pipi et qu'il faut les changer. Un autre encore ne veut pas nous lâcher la main. Dans ces conditions vous comprendrez que tant qu'il n'y a pas un minimum de calme, toute activité organisée est proscrite. Tout d'abord, lorsqu'une trentaine d'enfants de trois ans se retrouvent ensemble pour la première fois, l'urgence est de leur expliquer comment on se comporte à l'école. Par exemple, si on prend un jeu, on doit ensuite le ranger. Il faut aussi accepter de le partager avec un autre enfant.

Les premiers temps sont ainsi consacrés à l'apprentissage de la vie en groupe. Puis progressivement, l'enseignante et l'aide maternelle vont habituer les petits élèves à se concentrer de plus en plus longtemps pour pouvoir mettre en place des ateliers... Et donc enfin faire de la peinture !

La fin de journée

Celle-ci a forcément été éprouvante pour les petits élèves. Aussi, faites l'effort d'être à l'heure. C'est dur d'être assis sur le banc et de voir les copains partir et de ne pas voir sa maman. D'autant que pour certains cela fait un moment qu'ils demandent : « C'est quand que maman revient ? » Il faut l'avouer, c'est plus difficile pour ceux qui vont à la garderie et qui voient leurs amis rejoindre leurs parents. Il ne s'agit pas de culpabiliser quiconque mais, si c'est possible, il est vraiment bien de pouvoir prendre sa journée au moins pour le premier jour.

Lorsque vous récupérez votre fils ou votre fille, évitez alors de le presser de questions. Laissez-le tranquillement revenir au calme. Il lui faut un moment pour faire la transition entre ce qu'il vient de vivre et le retour à la maison, entre les siens. Il a besoin d'une sorte de sas. Il arrive d'ailleurs souvent que des enfants ne racontent absolument rien de leur journée. Ils ne veulent plus en parler et souhaitent passer à autre chose. Ils évacuent ainsi parfois le sujet en répondant à la question « Qu'as-tu fait à l'école ? » par « J'ai joué ». D'autres racontent en revanche parfaitement leur journée et avec force détails. Là encore, il n'y a pas de règle. Il faut simplement accepter l'attitude de l'enfant au retour de cette première journée. Et donc ne pas chercher à savoir à tout prix ce qu'il a vécu. C'est une part de son jardin secret. Une forme de mystère qu'il aime entretenir et qu'il vous délivrera peut-être, plus tard. Si vous êtes sage.

La question à ne pas poser à l'institutrice :

Charlotte avait une barrette en forme de cœur ce matin, vous ne savez pas où elle est ?

Il arrive souvent, au soir de la rentrée ou durant l'année – le problème reste le même –, que des parents me demandent où se trouve la barrette de leur fille ou le bonnet de leur fils. Dans ce cas, on reste calme, on fait un grand sourire et on dit : « Non, désolée, on ne sait pas. » Sans parler de la première journée où l'on court de tous les côtés, notre quotidien consiste à gérer une classe, mettre en place des apprentissages, des ateliers, animer des séances de motricité, surveiller la récréation… Aussi, ce n'est pas de la mauvaise volonté mais dans cette journée où l'on ne s'assoit pas une seconde, nous n'avons pas le temps de nous occuper du destin aussi malheureux soit-il d'une barrette… Lorsqu'on en trouve une, on essaye de retrouver le propriétaire, et ce n'est pas facile. Mais on ne se livre pas à une chasse au trésor toute la journée. Sans compter qu'il y a des échanges à la récréation avec les petites copines… des autres classes. De même pour les vêtements qui ne sont pas marqués, comme les enfants ne reconnaissent pas souvent leurs affaires, ils finissent dans le bac à objets perdus. Parfois il y a bien un nom, mais c'est celui du cousin qui a donné le vêtement or nous n'avons pas la chance de connaître le cousin…

Chapitre 5
Les comportements des enfants à l'école

Bien entendu chaque enfant est unique et chacun diffère des autres dans son comportement. Toutefois, au fil des ans, j'ai pu constater que de grandes tendances se dégageaient parmi les attitudes des enfants à l'école. Or celles-ci peuvent s'avérer complètement différentes de celles habituellement observées à la maison.

Les motivés

Ce sont ceux qui arrivent très contents d'être enfin à l'école ! Ils attendaient cette rentrée depuis tellement longtemps. Ils sont grands dans leur tête, ils ont hâte de faire des activités, sont toujours partants pour découvrir de nouveaux apprentissages. En général, ils regardent avec consternation les enfants qui pleurent ou trépignent. Ces enfants sont facilement identifiables : à peine entrés en classe, ils s'installent à une table, prennent un puzzle ou un jeu éducatif et commencent à discuter avec le voisin. Ils vont vers l'adulte sans difficulté et ont des tas de choses à lui raconter. « Tu sais, moi, j'ai une petite sœur, Rose, elle pleure tout le temps comme les petits là-bas », dit-il en montrant du doigt les pauvres bouts d'chou en larmes.

Voilà les leaders, ceux qui lèvent la main, qui participent aisément lors des moments de langage... Ceux-là vont en général passer une année excellente et profiter pleinement de ce que peut offrir l'école.

Les timides

Ce sont ces petits bouts assis sur une chaise et qui n'en bougent pas, regardent avec effarement tous ces enfants allant, venant, jouant comme si c'était naturel de se retrouver enfermé avec vingt-sept ou vingt-huit congénères dans une même pièce.

Ils sont très sages, suivent du mieux qu'ils peuvent les consignes de la dame qu'on appelle maîtresse, ne disent pas un mot. Ils sont en fait en observation. Il ne faut pas les forcer à participer car ils ont besoin de temps pour absorber toutes ces nouveautés. Ce sont souvent les enfants qui n'ont pas été en collectivité auparavant, et il leur faut donc s'acclimater à ce nouvel environnement. Ils vont petit à petit découvrir comment on entre en relation avec les autres. Plusieurs semaines, voire parfois plusieurs mois leur sont nécessaires pour qu'ils trouvent leur place au sein du groupe.

Au début, en récréation, ils ne quittent pas la main de l'aide maternelle ou de la maîtresse. Comme nous n'avons que deux mains, il arrive souvent que nous ayons plusieurs enfants qui s'accrochent à chacun de nos doigts... Progressivement, nous les incitons à nous lâcher en proposant tout d'abord de donner la main à un camarade, mais ce n'est pas facile pour eux car c'est plus rassurant de tenir la main de l'adulte.

Ce sont eux qui s'inquiètent ou qui se remettent à pleurer dès que l'on s'absente deux minutes pour aller aux toilettes pendant la récréation. On a beau leur expliquer, ils nous regardent toujours partir avec inquiétude. Pour ce qui est du langage, ce n'est pas facile de savoir où en sont ces enfants lorsqu'ils ne prononcent pas un mot ou presque de la journée. Ainsi, j'ai connu une petite fille que je n'entendais jamais mais qui s'est en fait révélée avoir un très bon niveau de langage... au bout de deux mois de silence ! Je m'en étais inquiétée auprès de ses parents qui m'avaient assuré que leur enfant avait un langage élaboré et qui avaient été très surpris par ma préoccupation.

La petite section est souvent très bénéfique pour ces enfants timides qui s'épanouissent doucement au sein de la classe au cours de l'année.

Les joueurs

Ces enfants-là sont contents d'aller à l'école pour jouer, seuls ou avec des amis. Ils sont ravis de découvrir des jeux qu'ils n'ont pas forcément à la maison. En revanche, quand il s'agit de « travailler », c'est-à-dire de suivre une consigne même s'il s'agit d'une manipulation, ce n'est plus du tout la même motivation. Par exemple, la maîtresse demande de mettre ensemble tous les cubes bleus. Ils ne respectent pas ce qu'on leur demande car, eux, ils ont décidé de mettre ensemble des cubes de toutes les couleurs. Je vois à leur regard qu'ils n'ont pas du tout envie de faire ce que l'on attend d'eux et certains vont même jusqu'à refuser de participer. Ils veulent simplement jouer, et uniquement jouer. Surtout si leur entourage a passé les dernières semaines précédant la rentrée à leur dire qu'ils allaient à l'école pour... jouer !

Bien entendu, ils vont grandir et évoluer, gagner en maturité et progressivement accepter la consigne et apprendre la notion d'effort.

Les turbulents

Attention, ça déménage ! Voici les turbulents. Ceux qui grimpent volontiers sur la table si on les laisse faire. Ce sont des boules d'énergie, toujours en action, il leur est difficile de se concentrer plus de quelques minutes.

Pendant le moment de langage en collectif, ils jouent avec les scratches de leurs chaussures, poussent les copains, veulent se lever. Ils ne se rendent pas du tout réceptifs à ce qui se dit.

En atelier, ils ne parviennent pas à rester assis, veulent passer d'une activité à une autre. Lorsque la consigne nécessite une manipulation avec des gestes précis, patatras ! ils font tomber par terre leur construction à peine ébauchée mais aussi celle du voisin. Souvent, quand ils les voient arriver, les autres entourent leur chef-d'œuvre de leur bras pour le protéger.

En effet, comme ils sont toujours en action, ces enfants finissent par avoir des gestes brusques et font régulièrement mal aux copains : une bousculade, un coup de pied. Ce n'est pas méchant, mais ces enfants ne contrôlent pas leurs mouvements, sont impulsifs et font donc des dégâts autour d'eux. Certains disent tout de suite pardon, font même parfois un bisou pour s'excuser et estiment ainsi que réparation est faite. Malheureusement, les autres ne l'entendent pas forcément ainsi surtout si c'est la troisième fois de la journée...

L'adulte est présent dans ces moments pour rappeler les règles de vie à l'école et demande souvent aux enfants de les redire à haute voix. Ils savent alors très bien expliquer : « Y faut pas taper ! Y faut pas mordre ! Y faut pas griffer. » Ce qui est interdit et ce qui est autorisé est en général bien intégré verbalement mais pas forcément respecté...

Durant cette première année, ils vont peu à peu se canaliser, contrôler leurs gestes, gagner en concentration et apprendre à vivre avec les autres.

Attention, ces styles de comportement sont ceux que l'on constate au début de l'année. Bien heureusement les enfants évoluent, changent. Et peuvent donc passer d'un comportement à un autre. L'école, les enseignants, les parents y contribuent. Le cas le plus classique est celui des timides qui, au fur et à mesure des semaines, prennent de l'assurance. Quelques-uns deviennent même très coquins en cours d'année ! Et parmi la troupe des turbulents, un certain nombre va s'assagir, notamment s'il y a une bonne coopération entre l'école et la maison. Donc, ne vous inquiétez pas, rien n'est perdu. En revanche, ceux qui sont partants, les sérieux, les motivés, le demeurent en général et souvent bien au-delà de la fin d'année.

Mon enfant est définitivement très timide, que dois-je faire ?

D'abord ce n'est pas un handicap d'être timide. Et surtout ce n'est pas rédhibitoire. La plupart des enfants réservés prennent de l'assurance au fur et à mesure de l'année. Surtout, il ne faut pas brusquer les choses, il faut leur laisser le temps de s'ouvrir. Or les parents s'impatientent parfois, ils souhaiteraient que leur fils ou leur fille s'impose davantage, alors que cela peut prendre des mois. La société laisse de moins en moins le temps de devenir soi-même. Il faut pourtant que chacun aille à son rythme. Ce n'est pas grave. Il ne faut surtout pas se focaliser sur le sujet. Par exemple, le matin, éviter d'imposer que votre enfant dise absolument bonjour à la maîtresse. On peut néanmoins doucement participer à cette évolution. Les parents peuvent proposer des activités à leur enfant en dehors de l'école. Et notamment une activité physique comme la babygym. En effet, c'est souvent par le corps que l'on s'ouvre aux autres. On prend confiance, on se détend et, peu à peu, on s'affranchit de ses barrières.

Chapitre 6
Le premier mois

Ce premier mois en classe de petite section est une période particulière. Ce sont les premiers pas des enfants à l'école. Ils vont devoir apprendre la séparation et même ceux qui auront été à la garderie de temps en temps n'auront pas l'habitude d'être sans leurs parents quatre jours par semaine. Cela ne va pas sans pleurs, ni cris, colères et même quelques tentatives de fugue ! On leur apprend très vite qu'aucun enfant ne doit sortir seul, que c'est l'adulte qui ouvre les portes. En effet, au départ, quelques-uns croient que maman est derrière la porte. Donc on l'ouvre, en leur montrant qu'il n'y a pas de parents derrière. Bien entendu, dans le même temps, on les rassure en leur expliquant que leur maman ou leur papa va bientôt revenir. Ceux qui sont déjà habitués à la séparation d'avec le milieu familial et qui la vivent bien sont parfois inquiets des réactions de ceux qui protestent. En effet, ils sont passés à un autre stade, ils ont intégré le fait que « papa et maman reviennent toujours » et découvrent avec plaisir la classe, les jeux, les copains...

Avec l'aide maternelle nous faisons diversion et redoublons d'imagination pour capter l'attention de ceux qui boudent dans un coin ou qui ont les larmes aux yeux mais souvent, alors qu'ils avaient oublié l'absence de leurs parents, il suffit que l'un d'entre eux dise : « Elle est où maman ? » pour qu'une ribambelle d'autres se remettent à pleurer...

Ce qui perturbe aussi les enfants, ce sont les changements de lieu. Tout est redevenu calme en classe et vient l'heure de la récréation. Le fait de quitter la salle de classe peut à nouveau créer du stress chez ceux-là. Ils s'accrochent à nous tandis que les autres courent vers le toboggan. Et cela recommence à l'heure du déjeuner car il y en a qui restent dans la classe et d'autres, les demi-pensionnaires, qui partent pour la cantine. Bien entendu, nous ne disons pas à ceux qui vont à la cantine que les copains vont retrouver leurs parents. Au contraire, nous annonçons d'un ton enjoué : « Alors, je vais appeler les enfants qui vont aller au restaurant de l'école : la cantine ! » Ça fait son effet. Toutefois quelques petits futés demandent où vont les autres...

Heureusement, les enfants s'habituent progressivement à ce nouveau rythme. Pour certains, il faudra quelques jours, pour d'autres plusieurs semaines. Là encore, il n'y a pas de règles.

Il y a aussi ceux qui croient qu'une fois qu'ils sont allés à l'école quelques jours cela suffit. Les parents doivent alors leur expliquer qu'on va à l'école non pas quelques jours mais tout le temps. Et pendant de longues années. Ils répondent : « Mais non, j'ai déjà été à l'école... »

Les rituels

Pour aider les enfants à se construire des repères, pour les rassurer, des rituels sont traditionnellement mis en place en petite section. Ils vont se poursuivre durant toute la maternelle.

Accueil

L'enseignant réunit en général les enfants dans un coin dévolu à cela appelé le « coin regroupement » et appelle les enfants par leur prénom, leur demandant soit de se signaler en levant la main, soit de répondre par une courte phrase du genre « Je suis là » ou bien « Je m'appelle... ».

Ce rituel permet aux élèves de signifier leur présence dans la classe mais aussi leur apprend à se connaître les uns les autres. Pendant ce temps, la maîtresse coche les absents sur un cahier d'appel devant être rempli matin et après-midi. Ensuite, on dénombre les présents, les absents et on affiche le nombre sur un panneau prévu à cet effet.

Ce moment d'accueil aide ainsi à travailler la numération en lui donnant du sens. Pendant ce rituel, il y a souvent une chanson pour se dire bonjour, un fil rouge que l'on reprend chaque jour et qui est très apprécié des enfants. On trouve souvent une mascotte représentée par une marionnette qui pourra aussi être utilisée lors de l'accueil pour faire le lien entre l'enseignant et l'enfant.

Date

La grande aventure du temps qui passe commence en petite section. Aussi, nous mettons progressivement en place un des rituels de notre classe : la date. Qui va, du reste, accompagner longtemps les enfants dans leur scolarité. Vous vous souvenez de cette inscription dans le coin du tableau écrite à la craie avec une calligraphie soignée et qui chaque jour nous rapprochait un peu plus des vacances ?

Chez nous, en petite section, la date occupe une place importante. Elle nous permet d'évoquer les saisons grâce à l'observation du temps qu'il fait. C'est vrai que depuis quelque temps, c'est parfois difficile de s'y retrouver. Pas évident d'expliquer que c'est le printemps alors qu'il règne une canicule estivale.

Dans ma classe, au début de chaque mois, les élèves réalisent un coloriage pour illustrer ce dernier. Cela les aide à s'imprégner de son nom. Plusieurs d'entre eux savent ainsi dire : « On est en décembre, c'est le mois de Noël » parce qu'ils ont colorié un sapin avec des boules et des étoiles.

Nous utilisons aussi un calendrier éphéméride pour leur faire prendre conscience de l'écoulement du temps. Nous réalisons un calendrier sur lequel nous plaçons des images représentant les évènements importants : les anniversaires, sorties, changement de saisons, etc. Nous comptons chaque matin les jours qu'il reste à atteindre avant la sortie à la bibliothèque ou l'anniversaire de Balthazar. Même si j'ai conscience qu'ils ne sauront pas dire la date précisément en petite section, je sème !

Rangement

L'enseignant instaure un signal qui aide les enfants à comprendre qu'il est l'heure de ranger. Ce peut être une clochette, un air de flûte... C'est un vrai apprentissage que d'apprendre à ranger une classe. Il faut visualiser dans quel meuble apporter les puzzles, celui où l'on pose les pots de feutres et de crayons, le meuble des cahiers, et faire l'effort de pas mélanger les voitures et les jeux de construction. Cela demande du temps, mais les enfants de petite section s'avèrent tout à fait capables. Les parents en sont les premiers agréablement surpris lorsqu'ils nous disent : « Depuis qu'il va à l'école, il range sa chambre. » C'est donc bien de le féliciter pour ce progrès. De l'encourager à continuer à la maison. Et surtout de ne pas le faire à sa place même si ce n'est pas parfait.

Ateliers

L'organisation du travail fonctionne avec des ateliers en maternelle. Il est en effet impossible d'organiser une classe d'enfants de trois ans sur le même principe qu'en primaire avec trente élèves assis chacun à une table. Aussi en petite section, mais également en moyenne et grande sections, les élèves sont répartis autour de grandes tables de six à huit enfants. À partir de cette répartition spatiale, l'enseignant prévoit chaque jour des ateliers différents, certains sur un mode d'autonomie et d'autres dirigés.

« En autonomie », cela signifie que la maîtresse a prévu un jeu ou une activité que les enfants pourront accomplir seuls. Par exemple, un jeu de construction à partir de pièces magnétiques colorées qu'ils doivent agencer selon un modèle à suivre.

Un atelier « dirigé » signifie que les enfants seront avec un adulte – soit l'aide maternelle, soit le maître ou la maîtresse. La mise en place de ces ateliers prend beaucoup de temps et ne peut être réalisée tout de suite. En effet, il faut pour cela que chacun accepte de rester assis à une table, concentré sur une activité avec en plus une consigne donnée par l'enseignante. Il faut commencer par cinq minutes, puis augmenter progressivement le temps de travail. Dix minutes, puis quinze, etc.

Au départ, les enfants veulent aller d'une table à l'autre et sont agacés par cette enseignante qui insiste pour qu'ils terminent l'activité commencée. Ceux qui sont « en autonomie » se lèvent régulièrement pour aller voir l'un des deux adultes et lui montrer où il en est de sa réalisation, de sa construction, de son coloriage... L'enseignant va alors progressivement leur apprendre qu'il ne doit pas être dérangé quand il travaille avec un groupe mais qu'il viendra voir plus tard ce qu'ils ont fait dans leur atelier. Vous comprendrez que la première qualité d'une enseignante de petite section doit être... la patience. En effet, comment procéder à un atelier de langage avec sept ou huit enfants si, toutes les deux minutes, un élève vient l'interrompre ? Bien entendu, l'enseignant garde un regard global sur l'ensemble de la classe même lorsqu'il se trouve avec un petit groupe d'enfants. Il vérifie régulièrement que tout se passe bien et rappelle à l'ordre ceux qui pourraient avoir un geste brusque envers un camarade.

L'aide maternelle a elle aussi en charge un atelier, souvent d'activités artistiques : peinture, collage, découpage... et les enfants sont tous très impatients d'y participer. Comme la maîtresse, les enfants doivent cultiver cette vertu qu'est la patience. Ainsi pour une activité de peinture prévue, tous les enfants ne pourront la réaliser le même jour. C'est pourquoi les activités sont souvent réparties sur une semaine afin que tous aient la possibilité d'y prendre part.

Les ateliers ne sont pas forcément les mêmes le matin et l'après-midi. En effet, les enfants sont davantage fatigués l'après-midi. Le matin, par exemple, pendant le temps des ateliers, les « coins jeux » (cuisine, voitures...) peuvent être « fermés » alors que l'après-midi ils sont « ouverts ». Les enfants peuvent ainsi naviguer d'un coin jeu libre à une activité avec consigne, un jeu de domino des couleurs par exemple.

Motricité

Pour aller à la gym, nous instaurons également un rituel. Cela peut consister simplement à se mettre en file indienne, « faire le petit train » comme disent les enfants, au son d'un tambourin afin que les enfants identifient ce moment de la journée. En arrivant dans la salle de motricité, je demande aux élèves de s'asseoir sur les bancs pour écouter les consignes.

Puis ils démarrent l'activité mais il arrive que plusieurs d'entre eux ne veuillent pas participer. Ils regardent les autres avec stupeur courir, sauter, ramper... et refusent de faire de même car ils sont très impressionnés par toute cette agitation. Progressivement, nous allons les inciter à participer aux jeux collectifs mais il faut du temps pour que tous prennent du plaisir pendant ces exercices de motricité.

À la fin de la séance, je leur fais faire un exercice de relaxation pour les remettre au calme avant de passer à une autre activité. On peut aussi verbaliser ce qui a été fait pour transformer l'action en paroles et en mots.

Pendant ce premier mois, il va donc falloir mettre en place tous ces rituels qui vont aider les enfants à comprendre l'organisation de la journée en classe. L'autre grand défi de cette période va consister à vivre avec les copains.

La socialisation

Devenir élève

Parmi les objectifs poursuivis et les compétences visées durant cette année : « Vivre ensemble, apprendre les règles de civilité et les principes d'un comportement conforme à la morale. »

L'enfant va en effet partager un espace avec quelque trente autres petits enfants comme lui. Il va passer dans une journée plus de temps à l'école qu'à la maison. Bien entendu ces règles de civilité doivent en tout premier lieu être enseignées à la maison. Vous en conviendrez. Je ne doute pas du reste que les parents apprennent, par exemple, à leurs enfants les règles de politesse. Pourtant, je vous assure que vingt-six élèves sur vingt-huit oublient la plupart du temps de dire merci, s'il te plaît... Nous le leur rappelons donc régulièrement, mais il leur faut du temps pour que cela devienne une habitude.

Devenir élève, c'est aussi accepter de vivre avec les autres enfants de la classe. Il leur faut partager le même espace, les jeux, l'attention des deux adultes. Ce n'est pas évident du tout. Très souvent par exemple, un enfant effectue une construction, un autre arrive et attrape un élément du jeu qui lui convient et démolit sans remords la tour de son camarade.

Au début de l'année, les enfants jouent plutôt les uns à côté des autres et donc ne s'amusent pas ensemble. Par la suite, ils vont apprendre à « coopérer ». La maîtresse va pour cela les inciter à faire un grand puzzle, une construction à plusieurs, faire jouer un groupe avec un dé de couleur et les habituer ainsi à respecter des règles, attendre son tour.

Progressivement l'enfant « comprend ce qu'est l'école ». Lever la main, parler lorsqu'on y est invité, attendre, c'est difficile.

Devenir élève, c'est aussi devenir autonome. C'est être capable d'accrocher son manteau à son porte-manteau, celui-ci étant identifiable grâce à une étiquette avec photo et prénom de l'enfant. C'est également aller s'installer tout seul dans un atelier, c'est prendre des initiatives. Par exemple, il manque des bouchons pour les feutres, je vais en chercher dans la boîte à bouchons perdus parce que j'ai compris que, sinon, les feutres ne fonctionneront plus. C'est enfin savoir ranger son cahier dans le casier repéré avec l'adulte auparavant...

Les règles de vie

Même Montesquieu a sa place dans une classe de petite section. « La liberté, disait-il, c'est de pouvoir faire ce que les lois permettent. » C'est vrai pour toute société, ça l'est donc pour cette petite communauté que forme une classe d'enfants.

Pour qu'ils intègrent mieux ces règles de vie, on va les formaliser. Tout comme il y a une constitution de la République et des lois qui régissent notre société, il y a le règlement de l'école, il y a les lois de la classe. Elles sont inscrites dans le marbre ou plutôt sur un grand panneau dans la classe. C'est « le panneau des règles de vie ». Il peut prendre plusieurs formes mais généralement il est constitué de deux parties : ce qui est permis et ce qui est interdit.

Ce panneau est observé et expliqué avec les enfants. Ensuite ces derniers verbalisent chacune des affirmations qui y figurent afin qu'ils les assimilent. Ensuite, au cours de la journée, lorsqu'un enfant de la classe enfreint une règle, par exemple s'il écrit sur le vêtement d'un camarade, l'enseignant lui demande d'aller voir le panneau des règles de vie. La maîtresse demande au petit « tagueur » si on a le droit d'écrire sur le tee-shirt de sa copine. Et **a contrario** sur quoi a-t-on le droit d'écrire. Les enfants savent très bien dire ce qu'il en est. Ils comprennent alors très vite quelle est la punition pour telle ou telle bêtise. Par exemple, dans ma classe, quand on a fait mal à quelqu'un d'autre, on demande pardon et on va s'asseoir sur une chaise à l'écart pour se calmer. Quelques petits malins vont parfois s'y asseoir tout seul quand ils savent qu'ils ont fauté. Et sans passer devant l'enseignante. Certains pour se soustraire à la sanction, d'autres en s'autopunissant. On s'étonne alors : « Mais pourquoi es-tu sur cette chaise ? » Et ils répondent paisiblement : « Parce que j'ai mordu... »

Cette institutionnalisation du permis et du défendu fait prendre conscience aux enfants des contraintes de la vie en groupe mais symbolise aussi d'une certaine manière leur entrée dans la société. Ils comprennent au fur et à mesure de l'année que leur liberté s'arrête là où commence celle des autres...

Depuis la rentrée, mon enfant s'endort dans la voiture quand on rentre de l'école, comment cela se fait-il ?

Votre enfant fait beaucoup d'efforts dans une journée d'école. Il découvre des lieux, des personnes, doit absorber beaucoup de nouvelles informations et comprendre les règles de la classe, de la cantine, de la récréation... Il doit aussi supporter le bruit et les pleurs du début de l'année. À l'heure de la sieste, il ne peut pas dormir aussi longtemps qu'à la maison ou à la crèche. En récréation, il lui arrive de tomber, d'être bousculé, il lui faut gérer ces petits heurts. On lui demande d'écouter, de se concentrer, ce qui constitue une sacrée contrainte pour un jeune enfant. Les premiers temps, nous voyons nos petits élèves bâiller en fin de matinée et, l'après-midi, certains d'entre eux ne quittent pas leur pouce. C'est donc tout à fait normal que votre enfant soit fatigué à la sortie de l'école. Posez-vous aussi la question de son rythme : s'il est à l'école de 8 heures à 18 heures avec garderie le matin et en fin de journée, c'est peut-être trop pour lui. Il existe des nounous qui viennent chercher les enfants à la sortie de l'école pour qu'ils puissent goûter et jouer plus au calme à votre domicile ou chez elles selon les personnes. Cela demande un effort financier mais, si vous en avez les moyens, cette solution allégera la journée de votre enfant.

Mon enfant ne veut plus revenir à l'école. Que faire ?

Tout d'abord parlez-en avec lui, demandez-lui ce qu'il aime faire à l'école et ce qu'il aime moins et pourquoi. Expliquez-lui à quoi sert l'école, dites-lui ce que vous avez aimé à l'école et comment cela vous a aidé à grandir. Même un jeune enfant peut comprendre cela si vous en parlez avec des mots adaptés. Dites-lui que vous aussi, parfois, vous n'avez pas envie d'aller travailler quand vous êtes chez vous mais qu'une fois arrivé, vous êtes heureux de retrouver vos collègues et intéressé par ce que vous avez à faire. Demandez-lui alors s'il a un copain ou une copine avec qui il aime jouer. Ne vous affolez pas si cela dure quelques jours car il est peut-être fatigué ou a tout simplement envie de rester à la maison.

En revanche, si cette attitude persiste, parlez-en à son enseignant. Peut-être s'est-il fait gronder par un adulte ou un peu chahuter par un enfant et il est impressionné. Dans ce cas, l'enseignant sera plus vigilant en récréation et vérifiera qu'un autre ne l'embête pas. Souvent, c'est passager. Les parents doivent ainsi veiller à rester positifs envers l'école, le motiver en lui disant qu'il va faire de la gym, des activités qu'il apprécie en classe. Rappelez-lui la sortie prévue à la bibliothèque ces prochains jours... S'il va à la garderie, pensez à lui préparer un goûter qu'il aime car c'est souvent une grande motivation pour ceux qui restent après la sortie de 16 h 30 ! Essayez de venir le chercher un peu plus tôt le soir, le temps qu'il s'habitue au rythme de l'école.

Chapitre 7
Les moments importants de l'année

L'année scolaire est rythmée par de nombreux évènements : la rentrée, les anniversaires, Noël, la galette, la chandeleur, Pâques, la fête des mères, des pères, la fête de l'école, la sortie de fin d'année... Chacun de ces moments est en fait un prétexte pour proposer des ateliers et des apprentissages en classe. Bien entendu, d'autres projets sont mis en place par les enseignants pour développer des compétences, mais les événements cités ci-dessous constituent des moments forts de la vie d'une classe de petite section.

Les anniversaires

Chaque enfant voit son anniversaire fêté en classe. Ainsi ces petites célébrations jalonnent l'année et permettent de cette manière de travailler le repérage dans le temps. C'est pourquoi vous verrez dans la classe un affichage de ces anniversaires. Ce peut être sous forme d'un train avec des wagons qui constituent les mois de l'année, à l'intérieur desquels les passagers sont représentés par les photos des enfants nés chaque mois, soit un grand tableau. Ce support permet aux élèves de visualiser le temps qui passe. L'enseignant l'utilise pour dire : « Nous avons changé de mois, nous sommes maintenant au mois de novembre (en montrant le wagon qui porte ce nom). Qui va avoir trois ans ce mois-ci ? » Alors toute la classe observe le support avec les photos et les enfants concernés vont mémoriser plus aisément qu'ils sont nés en novembre.

Le jour J, l'anniversaire est fêté dignement : on installe les enfants, on éteint la lumière, on chante « Joyeux anniversaire » tous ensemble et l'enfant souffle ses bougies sans oublier de les compter. Puis on partage les gâteaux, on dénombre les parts, on boit du jus de fruit.

À noter que si votre enfant est allergique, il convient de le signaler dès le premier jour de rentrée. L'enseignant se mettra d'accord avec vous pour que vous apportiez quelque chose qu'il puisse manger ces jours d'anniversaire…

Noël

Il y a évidemment une grande attente autour de cette fête : on installe tout d'abord un sapin que l'on décore avec les enfants pour leur plus grande joie ! Chaque matin nous effectuons un décompte des jours qui nous séparent de Noël grâce à la mise en place d'un calendrier de l'Avent. Cela permet de travailler la numération ainsi que le repérage dans le temps.

Au mois de décembre, suivant les écoles, les enfants assistent souvent à un spectacle ou à une séance de cinéma en lien avec Noël. Ensuite, ils préparent une « surprise » pour leurs parents en créant un bougeoir, une décoration pour le sapin ou la maison. La maîtresse lit des histoires en rapport avec Noël, prévoit des activités autour de ce thème. Cela permet notamment de travailler le langage pour enrichir le vocabulaire (boule, sapin, guirlande, étoile, crèche, calendrier de l'Avent, renne...). Les enfants réalisent aussi des décorations pour la classe qu'ils emporteront par la suite à la maison, pas peu fiers de leurs réalisations pleines de paillettes.

Ils apprennent des comptines et des chants traditionnels de Noël qui font leur joie. Au Top 50 : « Petit Papa Noël », un classique qui ne se démode pas, mais les enfants apprécient aussi une chanson en anglais, « We wish you a merry Christmas ». Nous faisons, par exemple, un atelier cuisine et réalisons des sablés à l'aide d'emporte-pièces en forme de sapins de Noël... Nous lisons également des albums de Noël, avec des livres que certains enfants ont apportés de la maison. L'enseignante peut alors demander à un enfant qui connaît bien son livre de le raconter aux autres. Cela l'invite à prendre la parole dans un groupe et ce n'est pas facile quand on a trois ans.

À l'approche des vacances de Noël, il règne en général une grande excitation tant les enfants sont impatients. C'est un mois riche en activités, en plaisirs et en apprentissages.

La galette des rois

On utilise l'occasion de l'Épiphanie pour réaliser une recette de galette avant de tirer les rois. Une recette c'est l'occasion de travailler une compétence que l'on dénomme dans notre vocabulaire « découvrir l'écrit ».

La veille, on affiche dans la classe la recette illustrée en grand format et on demande aux enfants de retrouver les ingrédients grâce aux images. On « lit » les étapes de la recette afin que, le lendemain, les élèves puissent reformuler ce dont ils ont besoin et comment ils vont s'y prendre pour confectionner cette fameuse galette. C'est bien entendu un moment de langage oral où l'on sème du vocabulaire : la farine, le sucre, les œufs, la pâte mais aussi le fouet, la spatule, le moule, etc. En utilisant les outils, on les nomme puis on réactive le lexique plusieurs jours après. Et régulièrement par la suite afin qu'il soit intégré de façon durable.

Pour le cahier de vie (voir chapitre 10), on va demander aux enfants de raconter l'atelier cuisine en réemployant le vocabulaire de la recette à partir des photos effectuées durant la journée. On va aussi apprendre des chansons telles que « J'aime la galette », un incontournable de la maternelle. On va également lire des histoires comme « Roule galette » qui plaît beaucoup aux enfants surtout si on la mime. Nous travaillons ainsi la compréhension et la chronologie de l'histoire. (Exemple : Quel animal va essayer d'attraper en premier la galette ? Qui va finalement réussir à croquer la galette ?) Ces questions nous amènent à vérifier l'écoute des élèves et à reformuler l'histoire.

On va ensuite dessiner des galettes. Ainsi, on apprend à réaliser des ronds, mais aussi nous abordons en graphisme les quadrillages. Puis, on découpe ces dessins ce qui fait travailler la motricité fine. Parallèlement on va se lancer dans la fabrication de couronnes peintes et décorées de paillettes, de pompons, de plumes… Vous voyez, la galette est une occasion formidable pour développer de multiples compétences. Et pas seulement des compétences liées au savoir mais aussi au savoir-vivre. En effet, en classe, on n'est pas toujours le roi ou la reine alors qu'à la maison c'est presque toujours le cas. Cela apprend la frustration et donc participe de la construction de l'enfant.

La chandeleur

Vous allez croire que nous saisissons toutes les occasions de manger en classe ! Au contraire, sachez que nous sommes trop souvent sollicités, notamment avec les gâteaux d'anniversaire que l'on ne peut bien évidemment pas refuser de goûter ! Pire, il y aussi nos anciens élèves qui viennent nous voir avec des gâteaux... Pas facile de garder la ligne en mangeant des pâtisseries si souvent. Mais bon, c'est pour le plaisir de nos élèves car, en général, ils adorent lorsque l'on fait de la cuisine en classe et puis cela permet de travailler de nombreuses compétences de manière ludique et participative. Ce sont en effet des activités très motivantes pour les enfants, qui rythment l'année et donc contribuent à intégrer le repérage dans le temps. Après Noël, c'est la galette puis les crêpes et Pâques. Et même les plus réfractaires aux activités sont partants pour les pâtisseries.

Voici donc la chandeleur, début février. Il y aura un atelier pour faire de la pâte à crêpes. Une maman ou un papa viendra peut-être aider pour faire sauter les crêpes. Bien entendu, à chaque fois, on étudie la recette auparavant, pour pouvoir se rappeler le jour J ce dont on a besoin pour réussir de bonnes crêpes. On aborde encore un nouveau vocabulaire : crêpière, louche, verre doseur… On peut aussi revoir la numération en comptant les crêpes afin de vérifier s'il y en a assez pour tous ! Pour donner du sens aux apprentissages, les enseignants donnent ainsi un projet aux élèves : on va faire des crêpes pour les partager avec la classe des moyens, que l'on va inviter pour un goûter…

Pâques

Nous profitons de cet événement pour travailler dans le « domaine du vivant » : lire des livres sur la basse-cour, observer des affiches expliquant la relation entre la poule et l'œuf, chercher les animaux qui pondent des œufs, ceux à plumes… Nous travaillons le langage : coq, poule, poussin, poulailler… et parfois nous avons la chance d'avoir une famille ayant une poule et qui accepte de nous la prêter pour la journée !

Les enfants peuvent par exemple réaliser un petit panier de Pâques en découpage dans lequel l'enseignant glisse quelques œufs en chocolat ou une poule peinte remplie elle aussi de friandises, c'est l'occasion d'allier une activité manuelle à un plaisir gourmand ! En graphisme, nous décorons des œufs avec des points, des traits, des ronds... Quelques classiques qui ont du succès en petite section : la comptine « Une poule sur un mur » ou la chanson « Dans ma basse-cour, il y a... ».

La fête des mères

C'est aussi un moment privilégié pour les enfants. Il règne là encore une certaine excitation lorsque le jour approche où l'on va rapporter ce qu'il faut bien appeler le plus beau des cadeaux pour une maman. D'autant qu'il s'agit du premier et forcément il sera inoubliable. Le mari aura beau développer des trésors d'imagination, il n'arrivera jamais à susciter l'émoi que ce frêle objet va provoquer chez les mamans. Des générations de mères d'élèves ont, c'est vrai, été traumatisées par les colliers de nouilles et les boîtes à bijoux réalisées à partir de boîtes à camembert.

C'est un temps révolu. Bien qu'il ne soit pas évident de trouver des idées réalisables par des enfants de trois ans, on parvient néanmoins à leur faire confectionner de jolies boîtes à bijoux décorées sans qu'elles soient trop kitsch. Ou bien des cadres en bois avec une photo prise à l'école... Et puis, durant plusieurs semaines, votre enfant apprend et répète un poème qu'il viendra timidement vous réciter, le jour de la fête des mères. On dénombre les jours qui les séparent de ce moment. Souvent, ils ne réussissent pas à garder secret le cadeau et vous le dévoilent avant. Ils y parviennent davantage pour la fête des pères car celle-ci se situe après et ils ont donc une petite expérience...

La sortie de fin d'année

Il y a souvent plusieurs sorties dans l'année. Parfois, pendant l'hiver, on peut aller au cinéma voir un film adapté pour les petits, souvent des films d'animation. Certaines écoles font venir des compagnies spécialisées dans les spectacles d'enfants : marionnettes, contes... La sortie de fin d'année, elle, est en général liée au thème développé durant l'année, ce qu'on appelle le projet d'année. Alors soit on effectue cette sortie en fin d'année pour clore le thème ou bien en milieu d'année pour exploiter la sortie en classe par la suite. Par exemple, si on a travaillé sur le cirque, on va les emmener voir une représentation de cirque. Si on a travaillé sur la ferme, on va tenter de se rendre dans une ferme pour voir les animaux, la traite, la tonte. C'est l'aventure, autant pour les petits que pour les grands. Elle est planifiée des mois à l'avance. On demande des parents accompagnateurs, comme pour les autres sorties. Cela peut être pour un papa l'occasion de prendre une RTT pour participer à la vie de l'école, de voir son enfant *in situ*. On prépare aussi un pique-nique. Ce qui est singulier, c'est que les enfants attendent autant sinon plus le pique-nique que la visite... De même que prendre le car est quelque chose d'exceptionnel. Ils s'en font aussi toute une joie. À peine descendus du car, ils nous demandent donc quand aura lieu ce fameux pique-nique et tant qu'on n'a pas mangé ils nous posent la question. Alors que l'on a mûrement réfléchi, cherché mille idées sur l'objet de la visite, eux en fait ne pensent qu'à manger des chips entre copains. Tant qu'on en est au déjeuner, voici quelques conseils d'usage car nous sommes parfois très surpris par ce que peuvent glisser des parents dans le sac de leur enfant. Comme des salades avec des couverts, des tomates qui se sont écrasées au fond du sac, des gâteaux au chocolat qui ont fondu quand on ouvre le sac... Enfin, c'est toujours mieux que ceux qui oublient carrément le sac à dos avec le repas de leur enfant. À ce moment-là, tout le monde donne de son casse-croûte. La cantine fournit normalement celui des demi-pensionnaires. Voici donc le « panier-repas idéal » : petit paquet de chips, sandwichs avec du pain de mie, compote en gourde, petite bouteille d'eau, pas de confiseries ou de boissons gazeuses. Il faut aussi les habiller de façon très pratique. Ne pas oublier la casquette s'il fait chaud...

La plupart du temps, il y a beaucoup de parents volontaires pour cette sortie. On choisit généralement, pour les remercier, ceux qui ont aidé durant l'année pour des tâches moins gratifiantes, notamment ceux qui ont cousu les costumes... quand il y avait alors beaucoup moins de volontaires. On prend également des parents dont on sait qu'ils ne vont pas s'occuper que de leur enfant, mais aussi de ceux des autres. Des gens plutôt dynamiques et qui peuvent faire preuve d'autorité. Et également des personnes sérieuses car c'est une gigantesque responsabilité et pas mal de stress que d'emmener des petits enfants à l'extérieur. La notion de sécurité est omni présente, nous sommes obnubilés par le fait de ne pas en perdre et qu'aucun ne se blesse. Il faut en permanence les compter, veiller à ce qu'ils n'oublient rien...

Mais, au final, c'est souvent une très belle journée, de classe, de groupe, où l'on partage de bons moments, autres que ceux de l'école. Et c'est l'occasion pour les parents de découvrir leurs enfants sous un autre jour.

La fête de l'école

C'est le moment qui vient clore l'année scolaire. C'est donc un événement fort pour les enfants mais aussi pour les enseignants. En général, chaque classe prépare une danse, qui là encore va être l'occasion de travailler de multiples apprentissages. On imagine mal la somme colossale de travail qu'il va falloir mettre en œuvre pour arriver à une danse de cinq ou dix minutes qui va, le jour de la fête, paraître très simple aux spectateurs. Oui, quelle énergie pour arriver simplement à ce que les enfants parviennent à faire une ronde sur scène ! Il faut réussir à décider chacun à bien vouloir bouger, à faire les mêmes gestes ensemble, à écouter les consignes pour suivre un tant soit peu la musique.

Les comportements des enfants face à cet exercice sont très divers et indépendants de ce qu'ils sont dans la vie et en classe. Certains s'avèrent très heureux de danser et d'autres pas du tout, mais alors pas du tout. Ils restent sur place, désespérément immobiles. Les adultes doivent déployer beaucoup d'arguments pour parvenir à les convaincre de bouger un peu : « Papa et maman vont venir te voir, ils seront très fiers de toi. » Il y a également les vêtements à trouver ainsi que la musique. Souvent, on sollicite les parents pour confectionner les costumes. Vous pourrez alors être amené à faire comme ce fut mon cas un costume de... chou !

Si vous avez de la chance, vous aurez un modèle, un patron, et du tissu acheté par la maîtresse et il faudra alors vous mettre aux ciseaux. Ce qui peut occasionner de grands moments de solitude. Aussi pour pallier ce désarroi, il arrive que la maîtresse, dans sa grande bonté, organise un atelier couture en classe. On pourra ainsi avancer au moins la découpe et la réalisation des costumes grâce à des parents plus au point sur la couture. Si vous avez des aptitudes en ce domaine, n'hésitez donc pas à le faire savoir à la maîtresse, vous n'imaginez pas à quel point vous allez rendre service ! D'autant que votre fille sera ravie d'apprendre à toute la classe que c'est sa maman qui a cousu une partie des costumes.

Le soir, à la maison, vous verrez parfois vos enfants s'entraîner, répéter la danse, vous montrer quelques éléments de chorégraphie... Encouragez-les afin qu'ils prennent confiance en eux. Cette activité les aide à se sentir plus à l'aise dans leur corps.

S'il vous plaît, faites vraiment l'effort de vous libérer ce jour-là afin de venir les voir. C'est en effet un moment très fort dans la petite vie de votre enfant. D'abord, il a beaucoup travaillé, s'est énormément investi, ensuite cela n'a rien d'évident pour lui que de monter sur une estrade et danser devant tant de spectateurs. Votre présence sera alors d'un grand réconfort, voire une motivation. Certains au dernier moment fondent en larmes ou refusent de participer alors qu'ils se débrouillaient très bien durant les répétitions. Là encore, il n'y a pas de règles de comportement sur le moment.

D'autres qui participaient peu habituellement se révèlent ce jour-là très à l'aise, souriants, à la surprise de tous. Dernière recommandation : soyez bien à l'heure fixée par l'enseignant. En effet, on ne pourra pas attendre votre bout d'chou. Et cela lui évitera un stress supplémentaire.

Enfin, par pitié, ne les appelez pas lorsqu'ils sont en scène : « Coucou, chéri, regarde-moi pour la photo ! » Ce n'est déjà pas facile de gérer toute cette agitation autour d'eux, une musique plus forte que d'habitude, si vous les appelez ils vont oublier tout ce qu'ils doivent faire.

Dois-je apporter un gâteau pour l'anniversaire de mon enfant ?

Certaines écoles, pour respecter le principe de précaution sanitaire, ne permettent pas que l'on apporte des gâteaux maison. C'est pour éviter toute intoxication alimentaire toujours possible. Ne sont alors acceptés que des gâteaux industriels.

C'est évidemment dommage car les enfants préfèrent toujours une pâtisserie réalisée à la maison et c'est encore mieux s'ils ont participé à la recette. En effet, nous leur demandons alors d'expliquer aux copains quels ingrédients ils ont utilisés et ils sont fiers de le leur raconter. Évitez les tartes à la crème très difficiles à manger et pas toujours au goût des petits. Mieux vaut tabler sur le traditionnel gâteau au yaourt ou celui au chocolat, qui ont toujours du succès !

Est-ce que je peux partir en vacances avec mon enfant en dehors des vacances scolaires ?

L'école maternelle n'est pas obligatoire même si elle est fortement conseillée. Vous avez donc le droit de partir en vacances avec lui. Pensez tout de même à avertir l'enseignant quelques jours avant. Sachez que si vous le faites une fois dans l'année, cela ne sera pas gênant mais si c'est systématique, cela signifiera que votre enfant pourra manquer jusqu'à un mois d'école si vous partez quinze jours avant la date prévue pour tous. À cet âge, c'est une coupure très longue et qui lui sera préjudiciable. En effet, lorsqu'il reviendra, il sera déconnecté de la vie de la classe, il n'aura plus tous ses repères et il aura besoin d'un temps de réadaptation.

Évidemment, la vie de famille est importante, mais veillez à ce qu'il aille en classe de façon régulière pour qu'il y trouve sa place. Ne lui faites pas manquer la petite section un jour sur quatre parce qu'il fait trop froid ou que son nez coule, sinon il n'ira pas souvent en classe...

Je vois régulièrement des enfants comme ceux-là qui, lorsqu'ils reviennent, ne savent plus – par exemple – où se trouve leur casier pour ranger leur cahier et tournent dans la classe l'air perdu.

Mon enfant pleure à nouveau après les vacances de la Toussaint, est-ce normal ?

Au moment des vacances de la Toussaint, vous pensiez que le plus dur était passé. Que c'en était fini des pleurs, des douloureuses séparations du matin ? Eh bien, non, chers parents. Malheureusement, certains enfants pleurent à nouveau au retour de ces premières vacances. Parce qu'en fait, ils n'ont pas compris qu'ils allaient revenir à l'école. Ils pensaient en avoir terminé avec leur scolarité ! C'est aussi parce que certains supportent difficilement les changements de rythme.

Toutefois, d'autres vont au contraire être très en attente du retour en classe car ils ont apprécié de s'être fait des copains, d'avoir découvert des activités nouvelles... Les parents nous racontent alors qu'ils ont demandé tous les jours à venir à l'école.

Sinon, ils reviennent parfois la mine renfrognée... Heureusement, au fur et à mesure de l'année, il n'y a plus de pleurs au retour des congés. Ils sont finalement contents de retrouver leur classe et leurs amis. Ils nous reviennent parfois avec des petits cadeaux, une fleur, un dessin. C'est un vrai plaisir de recevoir ces petits présents personnalisés mais surtout de les voir arriver avec un grand sourire et plein de choses à raconter.

Chapitre 8
La relation parents- enseignant

Votre enfant entre à l'école, vous allez le confier à un enseignant. C'est un professionnel, il faut lui faire confiance, c'est la base de la relation parents - école. Votre enfant sera rassuré s'il sent que vous êtes convaincus de le laisser à des personnes qui vont bien s'occuper de lui. Si vous le lui dites, c'est encore mieux. Bien entendu, il n'y a pas de classe ou de maître idéal, faites-en le deuil avant la rentrée. Pourquoi ? Parce que, je le répète mais tant qu'on ne l'a pas vécu on l'oublie, il y a environ entre vingt-cinq et trente enfants par classe et on ne peut s'occuper de la même façon d'un enfant et d'une trentaine.

Mais cet(e) enseignant(e) de petite section aura très à cœur d'accueillir, de faire grandir et progresser votre enfant.

Les différentes sortes de parents

Les parents, suivant leur vécu scolaire, leur personnalité, la relation qu'ils ont avec leurs enfants ont tous des attitudes différentes lorsqu'ils viennent à l'école et dans leur façon d'appréhender celle-ci. Toutefois on peut les regrouper en plusieurs grandes catégories.

Les parents angoissés

Ce sont ceux qui sont malades à l'idée de laisser leur enfant à l'école. Ils restent le plus longtemps possible dans la classe. Ils embrassent et serrent leur petit garçon ou leur petite fille comme si c'était la dernière fois qu'ils le voyaient. Et lui disent dix fois : « Maman t'aime, elle revient vite. »

Ils ont mille recommandations à nous faire avant de partir, et autant de questions au retour. Ils paraissent parfois suspicieux lorsque nous leur disons que leur enfant a très vite arrêté de pleurer et a joué avec ses nouveaux camarades. Certains demandent : « Je ne lui ai pas trop manqué ? » Il s'agit surtout de mamans, je dois le reconnaître.

Régulièrement ces parents apportent des chaussons et des bottes de pluie quand il fait mauvais temps car ils pensent que l'on pourra passer dans la même journée des chaussons aux chaussures puis aux bottes. Quand la météo est changeante, ils ajoutent une tenue plus légère au cas où leur enfant aurait trop chaud. Estimant que l'on va pouvoir changer toute une classe s'il y a une éclaircie ! Quand on leur dit que ce n'est pas la peine d'apporter tous ces vêtements de rechange, ils sont surpris. On devine qu'ils croient qu'on y met de la mauvaise volonté.

Je me suis rendu compte que ces parents avaient en fait besoin d'être rassurés. Je le sais d'autant mieux que je pense avoir certainement figuré dans cette catégorie. Je m'emploie donc à les tranquilliser. Parfois, je glisse au passage une petite touche d'humour pour qu'ils prennent progressivement conscience du caractère excessif de leur comportement. Il faut accepter que nos enfants soient heureux sans nous, c'est ainsi qu'on les aide à grandir.

Les parents décontractés

C'est la rentrée de leur troisième ou quatrième enfant et ils sont plus détendus que pour le premier. Souvent, ils connaissent déjà l'enseignant – s'ils n'ont pas changé d'établissement –, savent en quoi consiste une année de petite section et ne sont pas du tout inquiets. Ils regardent avec compassion les parents en larmes à la sortie de la classe, leur glissent un petit mot rassurant. Ils nous disent « bon courage » et partent rapidement car ils savent bien que retarder la séparation ne la rendra pas plus facile. Parfois, ils sont tellement « cool » qu'ils oublient de laisser le doudou de leur enfant... Pourtant, même si on est le troisième enfant de la famille à faire sa rentrée en petite section, ce n'est pas pour cela que l'on n'a pas besoin d'un doudou rassurant !

Dans l'année, ils ne sont pas stressés si leur enfant ne reconnaît pas tout de suite son prénom sur l'étiquette de présence parce qu'ils savent qu'il y arrivera bien un jour... Attention tout de même à ne pas être trop détaché de la vie de la classe.

On entend parfois des parents, plutôt des papas, qui ne savent pas dans quelle classe se trouve leur enfant ni le nom de l'enseignant. C'est dommage car, même si on n'a pas l'occasion de venir à l'école, on peut en parler avec son enfant pour lui montrer qu'on s'intéresse à ce qu'il fait.

Ou encore, il y a des parents qui perdent les papiers à remplir, ou ne les remplissent pas, qui oublient d'apporter un pique-nique le jour de la sortie de classe ou le déguisement pour carnaval... L'enseignant et « l'aide mat » sont souvent tellement désolés par ces oublis qu'ils trouvent une solution de secours, mais les enfants s'en rendent compte. Et c'est un peu triste pour eux.

Les parents pressés

Voici les parents qui veulent que tout aille vite. Pourquoi devrait-on attendre tant de temps avant de passer aux choses sérieuses ? Pourquoi y a-t-il encore des enfants qui pleurent alors que le leur est à l'aise et impatient de faire mille activités en classe ?

À l'école, on apprend à vivre ensemble et, en début d'année, cela prend du temps avant de réussir à organiser des ateliers durant lesquels les enfants vont être concentrés pendant plus de cinq minutes. En voulant faire pour le mieux, il y a des parents pressés qui anticipent les apprentissages scolaires en faisant travailler leurs enfants à la maison. C'est dommage car lorsqu'ils sont en classe, ils n'ont plus envie d'apprendre. Ils nous disent : « Je l'ai fait à la maison. J'ai envie de jouer. » Cela devient le monde à l'envers, ils travaillent à la maison et jouent en classe. On peut faire des jeux avec son enfant qui l'éveilleront sans pour autant lui proposer des cahiers de maternelle. Par exemple, des jeux de société.

Les parents positifs

Ce sont souvent des parents qui ont de bons souvenirs de l'école et qui sont très heureux de cette rentrée. Ils sont positifs et communiquent facilement avec les enseignants sans les assaillir de questions. Ils ont par ailleurs compris que la maîtresse est humaine ; aussi, de temps à autre, ils ont un petit mot gentil ou encourageant. C'est un vrai moteur pour nous.

Ces parents font confiance au professionnel et le lien enfant-enseignant ne peut en être que meilleur. Ils relativisent aussi les petites misères qui arrivent de-ci de-là. L'enfant s'est fait bousculer et il est tombé. « Ce n'est pas grave, lui disent-ils, toi aussi parfois tu bouscules les autres... », « Tu n'as pas fait de peinture aujourd'hui ? Tu en feras sûrement demain. Chacun son tour... » Si l'enfant perçoit que son papa ou sa maman ne s'affole pas pour ces petits désagréments, il se dira que, finalement, ce n'est pas si grave.

Certains parents n'hésitent pas, parce qu'ils le ressentent ainsi, à faire en partant une remarque positive sur la journée ou l'école ; des mots qui ont en fait une réelle influence sur le comportement de leur enfant. Il faut bien sûr que cela soit sincère.

Chaque parent a sa propre histoire et peut réagir différemment selon son humeur, sa journée ou sa situation personnelle. Disons que ce sont des grandes tendances qui se dégagent. Et comme pour les enfants, ils peuvent passer d'une catégorie à l'autre. Certains angoissés du début de l'année vont se détendre... Mais c'est vrai que la relation entre les parents et l'école est vraiment importante car l'enfant perçoit s'il y a des difficultés et, forcément, cela influence sur son comportement. Aussi, autant que faire se peut, mieux vaut que la relation soit la meilleure possible. Pour cela, l'enseignant de son côté et les parents du leur, doivent essayer de faire des efforts pour trouver une forme d'harmonie. La réunion de parents contribue à clarifier le rôle de chacun.

La réunion de parents

Une réunion avec les parents est toujours prévue dans le premier mois de la rentrée afin que l'enseignante et l'aide maternelle puissent vous expliquer le déroulement de la journée en petite section, détailler les compétences qui vont être travaillées, donner des infos et des conseils pratiques. Cette réunion est vraiment importante, il est donc essentiel que l'un des deux parents s'y rende.

Il faut avoir conscience qu'il s'agit d'une réunion destinée à l'ensemble des parents et que ce n'est pas un entretien individuel. Aussi évitez de poser des questions qui ne concernent que votre enfant. Évitez : « Moi, mon Paul, il est très fatigué le soir, pouvez-vous le laisser dormir davantage ? » Vous allez agacer les autres parents qui, eux, se contiennent pour ne pas poser de questions personnelles. C'est humain, mais cette réunion n'est pas le moment pour ce genre de questions. Demander plutôt quels sont les horaires de la sieste si l'enseignant ne les a pas précisés.

Notez bien les dates données pour les sorties, les fêtes... Et les exigences de l'enseignant, notamment les retours de documents, qui nous posent souvent problème. C'est épuisant de relancer incessamment les parents pour récupérer des papiers ou les cahiers. En fait, comme les enfants sont petits, les parents ne prennent pas toujours au sérieux les consignes de la maîtresse, les demandes qu'elles leur font, ou le cahier de vie par exemple. Mais il y a une rigueur du côté parental à avoir en petite section qui est presque plus importante que dans les années suivantes puisqu'à cet âge-là, l'enfant ne peut rien prendre en charge. Alors qu'en primaire, par exemple, cela fait partie de son autonomie de gérer ses devoirs, les demandes de l'école à l'égard de la famille... Cela montre en outre que vous avez de la considération pour ce qu'ils font ou ce qu'ils sont. Enfin, c'est aussi une manière de montrer un exemple de rigueur. Cela ne peut passer inaperçu aux yeux des enfants. À l'inverse, si l'on a toujours du retard pour tout, cela peut les influencer. À cet âge, ils sont de vraies éponges.

Durant cette réunion, l'enseignant fixe le cadre pour l'année et donne des conseils plus globaux, disons de bons sens. Des règles d'hygiène et d'alimentation, des recommandations sur le sommeil ou la télévision. Des points qui sont souvent des pierres d'achoppement entre les parents et l'enseignant.

Les points de tension

La télévision

De nombreux parents me disent que leurs enfants regardent la télévision le matin avant d'aller à l'école, en prenant leur petit-déjeuner c'est-à-dire en buvant leur biberon pour la plupart. D'autres les habillent devant le petit écran, c'est souvent plus aisé car ils restent ainsi tranquilles, captivés par les images. Je suis catégorique là-dessus : JE SUIS TOTALEMENT CONTRE LA TÉLÉVISION LE MATIN.

On sait que la télévision génère fatigue, irritabilité et instabilité. Les enfants arrivent à l'école tellement imprégnés des images qu'aussitôt entrés en classe ils se mettent à jouer en criant : « Pokemon ! » Puis lors du moment de langage collectif, ils nous racontent les aventures de leur dessin animé matinal.

Je peux vous assurer que l'on voit vraiment la différence avec ceux qui n'ont pas été assis devant la télévision le matin. Ceux-là sont plus réceptifs aux échanges, aux consignes et parviennent mieux à se concentrer. N'imaginez pas que j'ai la télévision en grippe, toutes mes collègues se plaignent de ce fléau matinal. Je ne suis pas totalement contre la télévision, simplement il faut en limiter le temps d'exposition (20 minutes d'affilée à 3 ans c'est bien suffisant). Michel Desmurget, docteur en neurosciences et directeur de recherche à l'Inserm, démontre dans son livre « TV Lobotomie : la vérité scientifique sur les effets de la télévision » que le petit écran affecte le développement cognitif de manière directe (problèmes d'attention, retards de langage, assèchement de la créativité et de l'imaginaire...). « Deux heures de télé par jour à la maternelle et l'enfant aura entre trois et six fois plus de risques de souffrir de retards de langage. »

Concernant, le soir, notamment en rentrant de l'école, s'ils regardent la télé ils vont à nouveau devoir faire preuve d'attention. Or, à ce moment-là, ils ont plutôt besoin de jouer, de se détendre, de rêver, même de ne rien faire. Ils ont besoin de calme après une journée bruyante. Il vaut donc mieux réserver la télévision le mercredi ou le week-end. À condition, bien entendu, qu'ils n'y passent pas tout leur week-end. Vous pouvez aussi préférer les DVD qui permettent à l'enfant de dominer ce qu'il regarde et essayer de rester avec lui pour répondre à ses questions. Ils peuvent faire tellement d'autres choses à cet âge-là.

Notamment jouer avec leurs parents, leurs frères et sœurs ou même seuls.

Le sommeil

C'est souvent un sujet non pas de conflit mais d'incompréhension avec les parents. Il est vital de veiller à leur rythme de sommeil. En effet, un enfant à cet âge a besoin d'une bonne nuit réparatrice après la fatigue de la journée. D'autant plus que certains se reposent mais ne s'endorment pas pendant le temps de la sieste.

À trois ans, ne les couchez pas après 20 h 30, grand maximum. Ainsi en se réveillant vers 7 heures ou 7 h 30, selon l'horaire d'ouverture de l'école et la distance à parcourir pour s'y rendre, les enfants peuvent bénéficier d'une quantité de sommeil suffisante. J'ai conscience que cela laisse peu de temps pour voir son enfant pour les parents qui rentrent tard de leur travail. Vous avez envie d'en profiter, c'est normal, mais le lendemain on voit des petits bouts sucer leur pouce toute la journée, déambuler dans la classe et chercher leur doudou. Ils sont si fatigués qu'ils ne sont pas prêts pour de nouveaux apprentissages, ni même pour parler, jouer, attraper un ballon, découper. Il ne s'agit donc pas de vous culpabiliser, d'autant que je sais combien il est important d'échanger avec ses enfants, mais il faut bien avoir conscience que ce sera du temps pris sur leur faculté de concentration du lendemain.

Les bêtises et leurs « sanctions »

Les punitions sont bien entendu ajustées à la gravité de la bêtise. Première chose, mais ça va mieux en le disant, on ne tape plus les enfants, même pas une petite fessée, depuis des décennies !

Lorsqu'un enfant commet une bêtise, souvent il s'agit d'une « agression » envers un camarade, d'abord on lui demande de dire pardon et on explique que cela veut aussi dire qu'il ne faut pas recommencer. On peut pour marquer le coup l'envoyer s'asseoir à l'écart, mettre une distance physique symbolique avec les autres.

Quand cela devient récurrent, je mets en place un système à base de gommettes et demande la coopération des parents. J'explique à l'enfant et à sa famille que si la journée se passe sans un geste agressif, l'enfant repart avec une gommette verte. Si ce n'est pas le cas, c'est une gommette rouge. Les parents prennent alors le relais et prévoient une récompense de leur choix en cas de gommette verte (un chocolat, un tour de manège, une histoire de plus le soir...) ou bien une punition en cas de gommette rouge. Ainsi les élèves comprennent rapidement qu'il y a plus d'avantages à contrôler ses gestes.

Si l'enfant se montre vraiment violent avec ses camarades et de façon répétitive, on peut l'exclure de la classe temporairement. On le place alors dans une autre classe de maternelle pour un temps donné et à l'écart des élèves. Enfin, s'il dépasse encore les bornes, on peut faire appel au directeur ou à la directrice pour qu'il vienne parler à l'enfant et lui rappeler les règles de l'école, mais cela reste exceptionnel en maternelle.

Enfant malade

Il faut absolument prévoir en début d'année une solution de garde alternative car votre enfant sera forcément malade en petite section. D'autant plus s'il n'est pas allé en crèche auparavant. En effet, les microbes circulent vite et facilement d'une petite main à une autre, sans oublier les doigts dans le nez puis dans la bouche ! À cet âge, ils sont souvent enrhumés en hiver. On en voit tousser un, puis deux, trois… Si une « gastro » débute, on est sûr d'avoir plusieurs absents le lendemain. Et puis il y a l'inévitable varicelle que vous détecterez à l'apparition des boutons sur le visage et le corps.

Lorsque l'enseignant se rend compte qu'un enfant n'est pas bien, il l'envoie à l'infirmerie

– s'il y en a une. Il prend sa température avec un thermomètre frontal ou auriculaire. Si l'enfant a de la fièvre, alors on vous appelle pour que vous veniez le chercher. On ne peut garder un enfant malade, fiévreux. Les instructions officielles sont catégoriques à ce sujet. Tout d'abord, pour leur bien car, dans leur situation, se trouver dans un endroit bruyant ce n'est pas l'idéal. Mais aussi parce qu'ils peuvent être contagieux. Or il faut penser aux autres enfants de la classe. Enfin, l'enseignant ne peut poser seul un diagnostic.

Pour toutes ces raisons, il convient d'anticiper en laissant les coordonnées d'une tierce personne si vous ne pouvez absolument pas venir le chercher. Une nounou, une amie, un grand-parent...

C'est souvent un point de tension avec les parents. Par exemple, il arrive que le matin en arrivant, certains nous disent qu'ils ont donné à leur enfant un « doliprane » (quand ils nous le disent), qu'il n'a pas de fièvre et qu'ils doivent aller travailler. Je comprends cette situation, étant moi-même attendue chaque matin en classe à une heure précise et mère d'enfants qui tombent aussi malades. Mais pour autant on ne peut vraiment pas garder un enfant malade parmi vingt-huit petits élèves en pleine forme. Les autres parents ne comprendraient pas qu'on prenne le risque de contaminer ainsi leurs enfants.

L'enseignant n'est pas non plus habilité à donner des médicaments. Si votre enfant doit prendre un traitement antibiotique, demandez au médecin de le prescrire matin et soir au lieu des trois fois par jour. C'est courant. Surtout n'essayez pas de duper l'enseignant pour mettre votre enfant à l'école coûte que coûte parce que les adultes qui s'occupent de lui s'en rendent très vite compte et n'apprécient guère. Ça les met vraiment dans l'embarras. Avoir à gérer dans une classe un élève qui vomit, qui se plaint, vous imaginez bien que ce n'est pas possible.

Encore une fois, on comprend la difficulté de certains parents pour s'organiser. C'est pourquoi il faut bien y réfléchir avant la rentrée et l'anticiper. Car, c'est inexorable, l'enfant sera malade. Et puis, au fur et à mesure, il va s'immuniser et ça ira mieux. Courage !

La communication avec l'enseignant

Tous ces problèmes peuvent être abordés en dehors de la réunion de parents. Il y a en effet la possibilité d'obtenir un rendez-vous individuel avec l'enseignant en dehors des temps de classe. C'est souvent à l'initiative de l'enseignant. Mais cela peut aussi être à votre demande. Vous pouvez également laisser un mot à l'attention de l'enseignant qui vous répondra par ce biais surtout s'il s'agit d'informations pratiques à régler. Si le rythme d'école de votre enfant est modifié, si exceptionnellement il n'ira pas à la cantine ou à la garderie, prévenez le maître et l'aide maternelle par écrit. Si un événement particulier survient (une maladie, un divorce, une future naissance, un décès) parlez-en à l'enseignant qui pourra ainsi mieux entourer votre enfant. Par exemple, les enfants dont les mamans attendent un bébé ont souvent des réactions ou des comportements différents de ceux qu'ils ont habituellement.

Une année, un enfant de ma classe avait des problèmes de propreté et une attitude agressive avec ses camarades. Je m'en étais ouverte à ses parents qui ne m'avaient alors pas donné d'informations expliquant ces difficultés. Ils sont revenus cinq mois après m'annoncer qu'ils avaient divorcé à cette période. Si je l'avais su, je n'aurais pas eu les mêmes réactions à l'égard de l'enfant. C'est donc essentiel de communiquer.

Mon enfant a été puni. Comment dois-je réagir ?

Surtout, soutenez la décision de l'enseignant. C'est la première réaction à avoir. Une maîtresse ou un maître ne punit jamais un élève sans raison. Si votre enfant ne sait pas vous expliquer pourquoi, vous pouvez demander franchement à l'enseignant ce qu'il a fait. Ou juste faire confiance à son jugement. Car même votre petit ange peut griffer ou mordre un copain de la classe.

Dois-je croire mon enfant quand il me raconte sa journée ?

Il y a des enfants qui racontent en détail leur journée de classe et sont même capables de nous imiter ! Ils jouent à la maîtresse en prenant nos expressions... Quand les parents m'en font part, je me rends ainsi compte de mes « tics » d'enseignante, c'est souvent drôle et cela m'aide à me corriger.

D'autres sont plutôt dans l'imaginaire et inventent ce qui leur passe par la tête. Ainsi, une fois, des parents m'ont demandé s'il était vrai que j'avais nourri leur enfant avec des bonbons au lieu de l'envoyer à la cantine ! C'est ce que leur fils leur avait dit et ils l'avaient cru.

Il ne faut donc pas prendre pour argent comptant ce que dit votre enfant, ne pas croire tout ce qu'il raconte. Il convient de relativiser. D'ailleurs, de notre côté, nous faisons de même lorsque les enfants nous racontent que « Papa a crié très fort sur maman. Qu'il est très méchant... »

Chapitre 9
Les moments hors de la classe

La récréation

La récréation des maternelles est en général située à un autre horaire ou, si ce n'est pas le cas, dans un autre lieu que celle des élèves de primaire. La récréation des « petite section » peut avoir lieu en différé des classes de moyenne et grande section ou se faire en même temps selon l'organisation des écoles.

Les enfants peuvent donc pendant trente minutes – c'est la durée réglementaire –, jouer, courir, crier si l'envie leur en prend. Et l'expérience me porte à dire qu'elle leur prend souvent ! Au début de l'année, on peut observer toutes sortes de comportements : ceux qui se mettent tout de suite à s'amuser, à faire du toboggan (quand il y en a un) et ceux qui restent collés à nous… effrayés par ceux qui courent et gesticulent. C'est rassurant d'être près des adultes. Ils s'accrochent à nous, parfois on en a plusieurs à chaque main. Pendant ce temps-là, nous sommes pourtant très occupés à gérer les petits bobos, les disputes, les chamailleries entre enfants du type « Elle ne veut jouer avec moi », « Il m'a tapé »... On essaye de résoudre ces terribles conflits tout en ayant, accrochés à nos bras, une poignée d'enfants. Ces derniers vont peu à peu se mettre à marcher à nos côtés, sans s'éloigner, puis, progressivement, ils vont commencer à jouer seul, et avec d'autres. Parfois sans se parler, juste avec des gestes. Selon les enfants, cette évolution peut prendre de plusieurs jours à plusieurs semaines.

Il est souvent intéressant d'observer les enfants en récréation car ils peuvent se comporter d'une façon vraiment différente de ce qu'ils font en classe. Nous apprenons ainsi mieux à les connaître.

La cantine

Les enfants partent à la cantine en général avant la sortie des externes. Ils sont regroupés avec les autres demi-pensionnaires des classes de maternelle. Selon le nombre d'enfants scolarisés et le nombre de classes, l'importance de l'assemblée de « convives » varie. Certaines écoles ont la chance d'avoir une salle destinée au repas des maternelles mais ce n'est pas le cas partout. C'est un confort supplémentaire pour les petits de pouvoir manger plus au calme dans une pièce qui leur est spécialement réservée.

Les petits sont forcément servis à table, mais ils doivent manger seuls. C'est-à-dire qu'ils doivent se débrouiller avec une fourchette et une cuillère et porter les aliments à leur bouche. Il leur faut bien sûr savoir boire avec un gobelet et donc avoir appris à boire autrement qu'avec un biberon. En effet, j'ai remarqué qu'il y a encore un grand nombre d'enfants qui, à trois ans, ont des biberons le matin pour boire leur chocolat. Soit, mais il faut quand même savoir manier les deux. Les aides maternelles ou le personnel de cantine ne peuvent pas leur donner la becquée ni les faire boire. Elles n'en ont pas le temps. Elles doivent en effet surveiller tous les enfants de maternelle et ne peuvent être monopolisées par les élèves de petite section. Au début, bien entendu, elles vont les inciter, les encourager et veiller à ce qu'ils mangent mais par la suite elles vont leur demander de se débrouiller comme des grands. Cela va aussi dans le sens des compétences à développer en termes d'autonomie.

À la cantine, il faut également savoir rester assis. En effet, au départ, on remarque des enfants qui se lèvent de table, qui veulent aller sous la table, se rasseoir. Ce n'est pas possible à l'école. Il faut bien envisager le monde que cela représente et ce que cela peut engendrer quand plusieurs enfants ont ce genre de comportement. Si les quatre-vingts petits de maternelle se mettent tous à se lever, cela devient un chahut incroyable et personne ne déjeune. Il faut donc que votre enfant ait appris à rester assis à table le temps d'un repas et à patienter un peu car il devra attendre que les copains aient terminé. C'est comme pour les adultes, il y a des personnes qui mangent rapidement et d'autres plus lentement.

Enfin quand tout le monde en a fini, ils vont chercher leur manteau (d'où l'intérêt qu'il soit marqué à leur nom) parmi les quatre-vingts manteaux des élèves de maternelle et se rendent en récréation. La durée de celle-ci varie selon les écoles. Puis vient l'heure de la sieste.

Enfants allergiques

Si votre enfant est allergique, il faudra établir un protocole d'accueil individualisé (PAI) avec le médecin de famille et le remettre à l'école. Il faut en informer l'enseignant pour qu'il soit vigilant, notamment au moment des goûters d'anniversaire. D'abord pour éviter que l'enfant ne mange un aliment qui ne lui convienne pas et aussi afin qu'il ne soit pas écarté de cet instant de convivialité. À cet effet, je demande aux parents d'apporter un paquet de gâteaux pour qu'il puisse manger en même temps que les copains.

Pour la cantine, les parents doivent apporter un panier-repas, qui sera conservé dans un réfrigérateur à part afin que ses aliments ne soient pas en contact avec d'autres.

La sieste

Souvent, les demi-pensionnaires sont couchés avant le retour des externes car ils sont plus fatigués que ceux qui ont déjeuné à la maison.

Les élèves rentrent en classe, se rendent aux toilettes, enlèvent leurs chaussures et vont se coucher dans des petits lits ou sur des matelas. Suivant les écoles, la sieste se déroule dans une salle prévue à cet effet ou, lorsqu'il n'y en a pas, on installe des matelas dans la classe. Il arrive que certains élèves commencent à enlever leur pantalon pour la sieste, mais à l'école nous ne déshabillons pas les enfants comme cela peut se faire parfois à la maison. Sinon, il faudrait rajouter au temps de repos un temps de déshabillage et de rhabillage, et il ne resterait alors plus grand-chose pour les activités de l'après-midi.

C'est le moment où ils retrouvent leur doudou et chacun a sa façon à lui de dormir. Il y a ceux qui plongent directement dans le sommeil et ceux qui gigotent un moment avant de s'endormir. Ils n'ont bien sûr pas le droit de parler. On leur apprend qu'il faut respecter leurs camarades déjà endormis. Les premiers jours, il y en a qui pleurent car on a tiré les rideaux, la pièce est donc plus sombre et surtout parce que leurs parents leur manquent à ce moment-là. On les console, on les calme et tout finit par rentrer dans l'ordre en quelques jours. La durée de la sieste est variable selon les classes, mais dans la mienne nous commençons à lever les enfants qui sont réveillés au bout de 45 minutes de sieste. Nous les habituons à se lever sans bruit et à se chausser par eux-mêmes puis à se rendre dans la classe pour commencer des jeux, des activités tandis que les autres dorment encore. C'est ce que l'on nomme le réveil échelonné. Enfin, on va réveiller les gros dormeurs pour ne pas qu'ils dorment tout l'après midi.

En effet, l'école, on le répète, n'est pas la crèche, et l'après-midi aussi des ateliers sont mis en place pour les élèves même s'ils peuvent également jouer librement dans les « coins » évoqués par ailleurs. Le fait de ne pas avoir tous les enfants en même temps permet à l'enseignant de pouvoir travailler avec les élèves en individuel, notamment sur le langage. C'est un moment privilégié pour échanger, surtout avec les plus timides, les plus réservés. C'est également un temps où l'on peut procéder à de la « remédiation », c'est-à-dire reprendre avec l'enfant une notion qu'il n'a pas comprise en lui proposant une autre approche.

Garderie

Cela dépend de l'organisation de l'école mais, en général, les enfants qui vont à la garderie s'y rendent après la sortie des élèves qui partent avec leurs parents, leur nounou ou les grands-parents… C'est assez difficile mais, souvent, on ne peut faire autrement. Selon la météo, elle se déroule à l'extérieur ou à l'intérieur, dans une salle ou sous un préau.

S'ils sont dehors, les enfants prennent un goûter puis peuvent jouer au ballon, avec des cerceaux… en fonction du matériel à disposition. En cas de temps froid ou pluvieux, c'est à l'intérieur qu'ils prendront leur goûter, puis ils pourront faire des activités comme du découpage, du collage, du coloriage, des dessins, des puzzles, des jeux de construction. Il n'y a pas de consigne, les enfants jouent librement car ils sont fatigués de leur journée. C'est plus bruyant qu'en classe car il y a davantage de tolérance, sachant qu'ils ont déjà dû faire des efforts tout au long de la journée pour ne pas parler trop fort. Ne traînez pas en route car les petits attendent avec impatience leurs parents ! Pensez à prévoir une solution d'urgence en cas de problème (circulation difficile, retard de train, neige) pour ne pas que votre enfant se retrouve à l'accueil après la fermeture de la garderie.

L'aide maternelle

Dans ce chapitre, un paragraphe s'impose sur l'aide maternelle. En effet, elle intervient la plupart du temps dans tous les domaines évoqués. Sa désignation administrative est : agent territorial spécialisé d'école maternelle (ATSEM). Cet acronyme désigne des personnes dont le rôle dans l'école, bien que méconnu, est fondamental. Un travail souvent ingrat et néanmoins accompli avec beaucoup d'application et de conscience professionnelle. L'« Atsem » s'occupe généralement des enfants à la garderie du matin (parfois celle du soir également), pendant les récréations, à la cantine, pendant la surveillance de sieste et dans la classe. Elle est donc présente tout au long de la journée de votre enfant et passe beaucoup de temps avec lui. C'est une personne importante dans sa vie d'écolier. L'aide maternelle possède de nombreuses informations sur sa journée, qui intéressent beaucoup les parents : comment a-t-il mangé ? a-t-il bien dormi ?... Et elle connaît fort bien la personnalité de chacun des élèves de la classe. Elle a un rôle maternant auprès d'eux : elle console, rassure, encourage, incite à prendre de l'autonomie.

C'est une vraie référence pour les enfants, tant sur le plan affectif que social. Personnellement, je considère que nous sommes complémentaires, que nous formons un tandem, une équipe, et l'ambiance dans la classe s'en ressent. C'est essentiel pour moi qu'il y ait une bonne entente entre l'aide maternelle et l'enseignant car c'est bénéfique pour les enfants autant que pour nous. En classe, elle prend en charge des ateliers d'activités comme le collage, la peinture, le modelage, le découpage, les réalisations pour Noël, Pâques, la fête des mères et pères, etc. Elles aident aussi les enfants à créer des « œuvres d'art » qui sont accrochées en classe et emportées à la maison par la suite.

L'aide maternelle fait également des préparatifs pour les ateliers : elle trace une trentaine de formes – par exemple, des lapins –, que les enfants découpent ensuite ou bien qu'elle découpe elle-même, pour que chacun d'entre eux puisse en peindre une. Quelle patience ! C'est aussi celle qui s'occupe de la partie matérielle de la classe : tailler les crayons, coller les fiches dans les cahiers, nettoyer les tables, donner un coup de balai dans la classe. Qui se rend compte de toutes ces tâches ingrates et invisibles ?

Ainsi, l'aide maternelle a vraiment une place essentielle dans une classe de petite section. N'oubliez donc pas de lui dire un petit mot gentil, un remerciement par ci par là, par exemple au moment de la fête des mères, pour son aide dans la réalisation du cadeau et même de l'emballage, qui nécessite également beaucoup de temps et d'attention. Ce n'est pas une « dame-pipi », comme je l'ai malheureusement entendu une fois de la part d'un parent, même si c'est elle qui change les enfants en cas de petits « accidents » de propreté. Elle fait partie de la communauté éducative de l'école. Et au-delà, elle est une partie de l'âme d'une classe.

Pourquoi mon enfant revient souvent les vêtements tâchés ?

Si les enfants reviennent avec un tee-shirt coloré par de la sauce tomate, cela signifie que jusque-là ils ne mangeaient peut-être pas tout seul. Si l'on veut éviter les « expériences nouvelles » à la cantine, il faut qu'ils aient pu les faire auparavant à la maison. Mais ce peut être aussi dû à leur incommensurable sens de l'imagination. On peut les observer tremper leurs doigts ou leur serviette dans leur verre d'eau, mettre de la semoule dans les cheveux des copains, se glisser des petits pois dans le nez ou les oreilles. Choses vues...

Dois-je inscrire mon enfant à la cantine alors que je ne travaille pas ?

Sans hésitation, je répondrais par la négative. Franchement, si vous ne travaillez pas, profitez-en pour le ramener à la maison, échanger avec lui, le faire manger au calme. Cela lui permettra de faire une pause dans sa journée, de jouer tranquillement un moment dans sa chambre. Il sera alors moins fatigué quand vous viendrez le chercher à la sortie. En revanche, il vous demandera peut-être d'aller à la cantine car ceux qui n'y vont jamais imaginent parfois que c'est un endroit fantastique. Si vous avez besoin d'une journée de temps en temps, il sera alors ravi de découvrir ce fameux restaurant des enfants dont la maîtresse parle !

Chapitre 10
Le langage

Le travail sur le langage constitue l'un des fondamentaux de la petite section. Le programme officiel explique que le « langage oral est le pivot des apprentissages de l'école maternelle ». Il est en effet éminemment lié au développement de l'enfant. Le grand linguiste suisse Ferdinand de Saussure écrit en effet que le langage est « une aptitude cognitive et communicative ». Son compatriote Jean Piaget, psychologue et biologiste, estime lui que l'apprentissage du langage relève du degré de maturité de l'enfant. Il est vrai, lorsque nous rencontrons les enfants, leur langage nous livre immédiatement des informations sur eux. Mais il n'est pas l'unique émanation de la personnalité, de l'intelligence de l'enfant. Son acquisition, comme l'a montré le psychologue russe Lev Vigotski, relève également des interactions sociales et culturelles. Et c'est là où l'environnement familial intervient. L'apprentissage du langage s'effectue dans le cadre d'activités collectives, au travers d'interactivités à la maison, avec des copains, à l'école...

Ce développement du langage passe par quelques grandes étapes qui permettent aux enseignants de savoir ce qu'ils sont en droit d'attendre d'un enfant de trois ans. Après deux ans, l'enfant conjugue les verbes et élabore des phrases en respectant les règles de construction. À l'entrée en petite section, les enfants sont capables de produire des phrases complexes, c'est-à-dire en utilisant des conjonctions, en employant le passé…

Lorsque des enfants arrivent à l'école et n'en sont qu'au stade des mots isolés ou même à l'association de mots (« Maman maison »), nous savons alors que cet enfant aura besoin d'être plus stimulé qu'un autre qui dit : « Maman est à la maison et elle va venir bientôt. »

Lorsque l'enfant commet des erreurs de langage, l'enseignant reprend la phrase, la corrige, sans toutefois lui faire répéter. C'est ainsi que l'enfant va entendre un énoncé correct et s'approprier progressivement le langage.

Comprendre

Selon les programmes officiels de 2008, le travail de compréhension demande « une attention particulière pour tous les enfants ». Au départ, il faut souvent passer par les gestes, les images, pour assurer la compréhension des consignes.

En effet, une consigne énoncée oralement ne suffit pas toujours en petite section à ce que l'enfant démarre l'activité proposée. Peut-être est-il fatigué ou bien n'a-t-il pas envie. Il faut d'ailleurs s'en assurer avant de se dire qu'il ou elle n'a pas compris. Les enseignants font souvent reformuler les consignes à leurs élèves afin de vérifier qu'ils peuvent les redire avec leurs mots et ainsi mieux les assimiler.

De même, pour la compréhension d'une histoire, on demande aux enfants de la raconter, de retrouver les personnages, les moments importants du récit...

Progresser vers la maîtrise de la langue

Des ateliers de langage sont mis en place en classe pour échanger, acquérir du vocabulaire, utiliser des structures de phrases, respecter la cohérence des propos, sans que l'enfant n'en sache rien ! Ainsi, il croit jouer mais en fait il travaille à cette compétence essentielle qu'est la maîtrise de la langue.

Au départ, on s'intéresse au vocabulaire de la classe. Dans chaque coin, on peut découvrir un lexique spécifique. Par exemple, dans le coin cuisine, on emploie les mots : couverts, plateau, verre, assiette, couteau... Ce sont d'autres mots dans le coin garage. Puis il s'agit de connaître le nom du matériel de la classe (ciseaux, colle, feutres, pinceaux, tableau, mais aussi cahier, casier, crayon, ardoise...) D'autres ateliers sont mis en place à partir d'affiches, de photos prises en classe, d'images, d'objets... Les supports sont infinis.

En fait tout est prétexte au langage en classe : l'accueil, l'habillage, le déshabillage, des tas de petits moments qui peuvent paraître insignifiants. Par exemple, le matin, l'enseignant saisit l'occasion de dire à une petite fille : « Tu as une nouvelle robe ? » pour engager un échange à partir de quelque chose qui la touche, qui retient son attention. Inévitablement elle va répondre : « Oui, c'est ma maman qui le l'a donnée. » La maîtresse : « Vraiment ? Quelle jolie robe rouge ! » De même, pour un petit garçon avec ses nouvelles baskets qui « courent forcément plus vite ». Ces échanges en situation donnent du sens au langage.

Exemples d'outils pour travailler le langage en classe

Le cahier de vie

Le cahier de vie est un support très répandu en maternelle. Il s'agit d'un cahier ou un porte-vues créé par l'enseignant pour faire le lien entre l'école et la famille. C'est également un véritable outil d'apprentissage et de langage. Dans ce cahier, la maîtresse relate tous les évènements majeurs de la classe comme les sorties, les spectacles, les ateliers cuisine... Elle écrit un petit texte, de préférence sous la dictée des enfants, qu'elle accompagne généralement de photos ou d'illustrations. Selon les classes, il est donné à l'élève pour qu'il le rapporte chez lui toutes les semaines, tous les quinze jours voire tous les mois. C'est au choix de l'enseignant.

L'idée est que lorsqu'il l'amène le week-end à la maison, l'enfant puisse raconter sa journée à sa famille grâce aux textes illustrés de dessins, images, photos... Cela l'aide à travailler le langage et à faire comprendre plus facilement aux siens ce qu'il vit à l'école. L'autre partie de la démarche, c'est le retour de la famille vers la classe. Ainsi, avec l'aide des parents, auxquels il dicte ce qu'il veut raconter, l'enfant doit coller des images, une photo qui illustre ce qu'il a pu faire pendant le week-end ou un événement familial de toute sorte : mariage, sortie au parc, tour de manège, anniversaire... Ce processus entraîne ainsi un échange et aide à la relation entre la maison et l'école.

Il existe plusieurs exploitations de ce cahier en classe : en groupes, en petits groupes, en individuel avec l'adulte. Ensuite, on l'utilise en ateliers de langage ou de manière informelle.

À partir du cahier de vie, l'enfant raconte à ses copains ce qui lui tient à cœur. C'est très important de s'intéresser à ce cahier. Or certains parents ne l'alimentent malheureusement pas car cela nécessite un peu de temps. Aussi peuvent-ils le prendre comme une corvée à remplir. Ou bien, ils le remplissent sans leur enfant. Celui-ci nous dit : « C'est maman qui l'a écrit. » C'est dommage, car il est essentiel que l'enfant soit actif dans cette démarche.

Enfin, cet outil permet aussi aux enseignants de mieux connaître leurs élèves, mais il aide également les enfants à mieux connaître la vie de leurs copains. On ne peut imaginer l'importance que ce cahier de vie constitue pour eux. Ils sont très fiers de le rapporter à l'école et très pressés de partager son contenu avec la classe. Il leur faut parfois attendre un jour ou deux car on ne peut lire les trente cahiers le même jour. Mais quand vient leur tour de prendre la parole… quelle jubilation !

Au départ, ils ne racontent que pour la maîtresse mais progressivement l'enseignante leur apprend à s'adresser aussi aux copains. Elle les encourage à décrire en détail l'image collée pour que ce soit compréhensible pour les autres.

Par exemple : Une photo est collée dans le cahier.

L'enfant : C'est un lion.

L'enseignante : Où as-tu vu ce lion ?

L'enfant : Au parc de Thoiry.

L'enseignante pose alors d'autres questions pour inciter l'enfant à s'exprimer de façon explicite. Ils aiment aussi beaucoup regarder les photos de la famille, les montrer à leurs amis et inversement, à la maison, ils vont expliquer à leurs parents ce que nous avons vécu, réciter la comptine apprise. Différents cas de figures se présentent : il y a des enfants qui vont tout raconter à leurs parents et d'autres qui ne diront que le minimum. Quelle déception pour la famille qui a tellement envie de savoir comment cela se passe en classe ! Mais encore une fois, il ne faut pas presser l'enfant. Peut-être ne vous racontera-t-il la sortie au parc que dans quelques semaines. De plus, ce support représente un souvenir de son année de petite section, un cahier qu'il pourra feuilleter l'année d'après et réaliser qu'il a bien grandi. Et au-delà, bien après, ce support restera la mémoire de ses trois ans.

Le musée des couleurs

C'est un autre élément que j'ai mis en place dans ma classe et qui m'amène à travailler dans plusieurs domaines, dont celui du langage. Il s'agit de la création d'un musée des couleurs sur toute l'année. Cela incite les enfants à nommer, décrire, à chercher l'utilité d'un objet, ce qui enrichit l'acquisition de vocabulaire. Par ailleurs, cela implique la découverte du monde à travers des objets, des matières, des formes. Alors, comment procède-t-on ?

Je demande aux enfants d'apporter chaque mois des objets légers, de petite taille et sans valeur, d'une même couleur : trombones, morceaux de tissu, de laine, papiers de toutes sortes, perles, boutons, pièces en carton ou en plastique. Tous de couleur bleue pour le musée du Bleu, etc. Les élèves déposent dans un panier leurs trésors puis, par groupes, nous observons, manipulons, nommons la couleur et le nom de l'objet. J'incite aussi les enfants à le décrire et à trouver sa fonction, son utilité, la matière, la forme.

C'est un atelier qu'ils adorent parce qu'ils se sont impliqués dans la recherche de ces petits objets, qu'ils peuvent les toucher, les coller, sur une feuille de la même couleur et d'un grand format. Ceux qui ont apporté beaucoup partagent avec ceux qui n'ont rien trouvé. Au fur et à mesure, les murs de la classe s'enrichissent de panneaux colorés hétéroclites que les élèves aiment à montrer à leurs parents ou simplement à regarder pour le plaisir. C'est ainsi un support de langage très riche car même les plus timides ont envie de participer, de nommer les objets trouvés et ceux qui sont à l'aise à l'oral apportent des informations aux autres. Cela crée donc aussi un échange et enfin nourrit leur sensibilité et développe leur fibre artistique puisque ce musée est exposé dans la classe comme une œuvre d'art.

Je comprends quand mon enfant me parle, ce qui n'est pas le cas de l'enseignant ! Comment cela se fait-il ?

Vous connaissez votre enfant par cœur, ses mimiques, ses préférences, et lorsqu'il vous dit « lato » en vous montrant le placard, vous savez très bien qu'il veut un gâteau, c'est évident ! Mettez-vous à la place de ceux qui doivent décoder son langage. La famille va s'y familiariser mais si dix enfants sur trente ont un langage spécifique, l'enseignant mettra du temps à comprendre ce que signifie « lato » car, pour un autre, cela voudra dire qu'il veut de « l'eau »...

Il faut donc aider votre enfant à être compréhensible pour les autres, l'inciter à utiliser les mots justes en lui parlant normalement (avec des phrases, en employant le « je » et le « tu »), sans utiliser un langage « bébé ». À l'école, il n'aura pas d'autre solution que de faire des efforts car il va rapidement ressentir la nécessité vitale d'être compris par ses copains et par les adultes qui s'occupent de lui... Les parents sont souvent surpris des progrès de leur enfant dans ce domaine au cours du premier trimestre !

Mon enfant a un petit défaut de prononciation, que dois-je faire ?

C'est courant en petite section. Certaines consonnes s'avèrent plus difficiles à prononcer que d'autres. Cela devrait se régler normalement durant l'année. La maîtresse en discutera avec vous pour s'accorder : à la maison, les parents, les frères et sœurs doivent aussi jouer le jeu et dire : « Je ne comprends pas ce que tu dis » même si ce n'est pas le cas. Tout cela afin que le petit bonhomme fasse un effort. Car pourquoi en ferait-il si toute la famille le comprend ?

De même, à l'école, l'enseignant indiquera à l'enfant comment prononcer par exemple le son « s » comme le sifflement d'un serpent si l'enfant le prononce habituellement en « ch ». Toutefois, si en fin d'année votre enfant est toujours difficilement compréhensible, il aura alors sûrement besoin d'effectuer un bilan orthophonique avec un orthophoniste en moyenne section. Pourquoi si tôt ? Simplement parce qu'en grande section, on commence le travail des sons, des rimes, pour préparer l'apprentissage de la lecture ; s'il a toujours du mal à parler, il ne sera pas à l'aise dans cet apprentissage. Dans ce cas, ne vous inquiétez pas, c'est courant, et cette gêne se résout très bien.

Chapitre 11

Comment mon enfant est-il évalué ?

Même à cet âge-là, il est demandé aux enseignants d'évaluer leurs élèves. Certains parents s'en étonnent. Mais c'est tout simplement parce que l'école n'est pas la crèche, qu'il y a des apprentissages et qu'il est important de voir si ceux-ci sont intégrés par les enfants. Étymologiquement, évaluer, c'est donner de la valeur. Dans le système scolaire, l'évaluation permet de réguler les apprentissages. Les enseignants organisent des évaluations à plusieurs stades : au début de l'apprentissage pour se rendre compte de ce que savent leurs élèves, au cours de l'apprentissage pour adapter sa pédagogie aux besoins des élèves et enfin à son terme pour mesurer les acquis.

Les compétences

Des livrets de compétences sont remplis par l'enseignant, qui, en général, les remet aux parents une à deux fois l'an. Ces derniers sont souvent étonnés mais ils sont obligatoires. Ils comportent des cases que l'on coche en face des compétences. Il y a trois possibilités : A (acquis), ECA (en cours d'acquisition) et NA (non acquis).

Parfois, les parents sont désagréablement surpris lorsque la case ECA est cochée alors qu'à la maison, l'enfant réussit très bien à faire ce qui est indiqué. C'est tout à fait normal. Tout d'abord, les évaluations sont réalisées en classe, l'enfant peut donc être gêné, déconcentré par la présence des autres. Il est ensuite évalué à un moment T et il a déjà pu évoluer lorsque vous recevez le carnet.

D'autre part, les enfants ne transposent pas toujours à l'école ce qu'ils savent faire à la maison. Et les exigences de l'enseignant ne sont pas les mêmes que celles des parents. Ainsi, régulièrement, ces derniers s'extasient sur les progrès de leur enfant en dessin et s'étonnent lorsque l'enseignant a demandé au petit Picasso de faire un effort dans ce domaine. En effet, « les jolis gribouillages » doivent aussi pouvoir se transformer en dessin. Lors de mes premières années en petite section, je craignais de brimer leur imagination, de les diriger, mais je me suis rendu compte que si on n'avait pas d'exigences à leur égard, il n'y avait que peu d'évolution. En début d'année, en effet, on peut s'enthousiasmer sur un gribouillage coloré, mais progressivement on va dire : « Comme on a appris à faire des soleils, des bonhommes, tu peux essayer d'en dessiner aussi. » Évidemment, on n'évalue pas les enfants de la même façon en petite section et en primaire.

Par exemple pour la compétence « Est capable de reconnaître son prénom », l'enseignant propose plusieurs étiquettes avec des prénoms ayant quelques similitudes (ARTHUR, ALMA, AHMED...) et demande à l'enfant de trouver la sienne. Ces étiquettes auront été manipulées depuis le début de l'année et l'élève aura appris à repérer que la première lettre de son prénom est un A. Ensuite, prenons l'exemple d'un enfant qui s'appelle Aristide, on lui aura expliqué qu'au milieu de son prénom il y a une lettre qui ressemble à un serpent, le S, et qui chante « s » ; puis que la dernière lettre est un E, qu'on peut écrire avec des traits debout et des traits couchés. Étant entendu que ces traits verticaux et horizontaux auront déjà été appris en graphisme auparavant.

Prenons une autre compétence : « Est capable de dénombrer jusqu'à... » L'enseignant peut demander à l'enfant de dénombrer des animaux en plastique. Il ne s'agit pas dans ce cas précis de compter le plus loin possible mais de dire combien il y en a devant lui. C'est plus difficile que de réciter la comptine numérique :

1, 2, 3, 4, 5, 6, 7, 8, 9... En effet, il faut que l'enfant pointe chaque objet en les comptant sans en oublier un seul et sans compter le même deux fois. Ce qui s'avère un exercice complètement différent que lorsqu'il s'agit de montrer à son grand-père que l'on compte jusqu'à 20 en égrenant simplement oralement les nombres.

L'observation des enfants en petite section est fondamentale. C'est une forme d'évaluation. Les premiers temps, l'enseignant observe et prend des notes pour voir où en sont les élèves. Par exemple, si la majorité de la classe sait déjà reconnaître les couleurs primaires, il ne va pas procéder à un apprentissage collectif de ces couleurs mais va repérer les enfants qui ne les connaissent pas et créer un atelier de découverte qui leur sera destiné. Il pourra ainsi être présent pour un groupe d'enfants qui en a besoin et les autres travailleront une autre notion. C'est ce qu'on appelle la différenciation.

La différenciation

L'objectif est donc de s'approcher au plus près des besoins des enfants. C'est un challenge difficile avec trente enfants ayant des acquis très disparates à leur arrivée à l'école. Dans ce but, l'enseignant va prévoir des activités avec des paliers différents :

Prenons l'exemple de l'écriture du prénom en capitales d'imprimerie que l'on commence généralement au cours du dernier trimestre. Selon l'aisance des enfants en graphisme et leur motivation, on va leur proposer d'écrire leur initiale, plusieurs lettres ou le prénom en entier. Bien entendu, cela dépend également de leur prénom : quand on se nomme François-Xavier, c'est plus difficile et plus long que lorsque l'on s'appelle Lou !

En ce qui concerne le dénombrement dont j'ai parlé précédemment, je ne vais pas proposer la même consigne à un enfant qui sait compter et dénombrer jusqu'à 5 aisément quand il entre à l'école et à un autre qui a du mal à prendre deux crayons dans la boîte quand je le lui demande. Dans ce cas-là, il nous tend une poignée de crayons, ou en prend plusieurs et dit « 2, 1, 4 » d'un air très fier. Cet enfant a compris qu'il s'agissait de chiffres mais ne met pas de sens sur ces mots. C'est alors qu'il faut construire avec lui la représentation du nombre.

Quant à celui qui est déjà à l'aise en arrivant, je vais l'encourager à aller plus loin, lui présenter des jeux pédagogiques avec des consignes plus complexes. On peut ainsi différencier les activités tout en travaillant une même compétence.

L'arbre des progrès

Évaluer, on l'a dit, c'est aussi valoriser les progrès des enfants. Dans ma classe, pour mettre en valeurs les progrès des enfants, je crée avec eux un « arbre des progrès ». Il s'agit d'un arbre de très grand format peint par les élèves et accroché dans la classe.

Nous faisons fabriquer aux enfants des feuilles et des fleurs en papier à travers des activités comme le découpage, la peinture au pochoir qui vont progressivement venir fleurir cet arbre. Et sur ces feuilles ou ces fleurs on va inscrire un progrès réalisé par un enfant.

L'objectif de ce support est de les aider à prendre conscience de leurs progrès. Ainsi au premier trimestre chaque enfant va « fabriquer » lui-même son progrès. Lorsque je remarque un effort particulier, je lui propose : « On pourrait aller chercher ta feuille pour l'arbre des progrès parce que tu as fait beaucoup d'efforts pour tenir ton crayon. » Ou bien : « Tu partages maintenant les jeux avec les copains. » Je demande alors à l'enfant de me dicter la phrase qui correspond à son progrès et je l'inscris sur une feuille ou une fleur qu'on ira accrocher sur l'arbre. Au départ il faut les aider mais à force ils parviennent à dicter : « Je sais compter jusqu'à 10... » C'est une grande motivation pour eux car il y a une mise en scène : tous les enfants sont regroupés, l'élève concerné se lève, dicte sa phrase, je l'écris devant eux, les autres applaudissent puis l'enfant très fier va accrocher sa feuille dans l'arbre des progrès. Évidemment, nous communiquons la nouvelle aux parents qui peuvent venir admirer le résultat dans la classe.

Nous faisons bien sûr en sorte que tous les enfants obtiennent des « progrès », et qu'ils en aient tous autant. Même pour les plus dissipés il y a toujours moyen de trouver une bonne chose accomplie. En effet, il peut s'agir d'efforts concernant un apprentissage scolaire mais aussi d'efforts liés à l'amélioration du comportement, à l'autonomie...

Un exemple : s'ils réussissent à remonter la fermeture-Éclair de leur manteau. C'est une fierté et un progrès ! Ils sentent alors qu'ils grandissent parce qu'ils ont réussi à faire comme leur grand frère et en plus ils sont prêts plus vite pour la récréation. Il n'est pas rare alors que ces petits débrouillards veuillent nous aider à fermer les blousons des copains qui n'y arrivent pas encore. Ces petits progrès qui peuvent peut-être paraître insignifiants sont des étapes importantes pour des enfants de trois ans.

Peu à peu, les enfants commencent à dire par eux-mêmes : « Maîtresse, je peux avoir un progrès ! » lorsqu'ils se rendent compte qu'ils ont franchi un obstacle... C'est une prise d'initiative et nous les encourageons dans ce sens...

L'arbre se remplit donc de feuilles puis de fleurs et, lorsqu'il n'y a plus de place, nous créons des papillons qui volent autour car l'arbre des progrès a beaucoup de succès auprès des enfants comme des parents. Je les vois souvent regarder très attentivement cet affichage en écoutant leur enfant le commenter.

C'est aussi un moyen de les faire entrer dans l'écrit. Ils se souviennent de ce qui est inscrit sur leur fleur, alors même qu'ils ne savent pas lire et expliquent : « C'est écrit que je sais dessiner des quadrillages. »

Cet arbre coloré, qui peut sembler au premier abord uniquement décoratif, porte en fait beaucoup de réussites. Ainsi, évaluer c'est aussi mettre les élèves en situation de réussir, de progresser dans tous les domaines.

Enfants précoces et saut de classe

Cette appellation est sujette à polémique. De nombreux parents estiment que leur enfant est précoce. Il arrive, en effet, que l'enfant le soit dans un domaine. Il y en a qui parlent très bien, d'autres qui sont très doués en dessin, d'autres encore qui savent faire des puzzles très complexes à trois ans, mais qui ne développent pas aussi bien chacune de ces compétences. Qu'on les appelle précoces, surdoués ou à haut potentiel, ces enfants ont en commun un QI (quotient intellectuel) supérieur à la moyenne. Ce que j'ai pu observer au cours de ces dix années de classe, c'est qu'un enfant précoce n'est pas simplement très à l'aise, il est aussi rapide, logique, dispose d'une très grande mémoire, de beaucoup de vocabulaire. Il fait preuve de grandes capacités dans tous les apprentissages, si ce n'est en général en graphisme, parce que sa pensée va beaucoup plus vite que sa main. Ces enfants ont enfin une énorme capacité de concentration. Et puis il y a une multiplicité d'enfants précoces et autant de manières différentes de l'être. Aussi, la particularité de ces enfants est un sujet de débat à l'école et dans notre société.

Les enseignants y sont sensibilisés depuis un certain temps. Ils sont en mesure de les gérer et de faire en sorte que ces enfants s'épanouissent au sein même de la classe. Plus tard, toutefois, il pourra être envisagé un passage anticipé (un saut de classe). Mais pas à ce stade de leur scolarité. Cela n'est possible que de la moyenne section au CP.

Ce n'est alors pas du ressort de l'enseignant mais c'est une décision prise par le conseil de cycle, qui réunit tous les enseignants du cycle concerné (petite section, moyenne section, grande section). Ils vont observer tout le travail de l'enfant, ses évaluations, se poser la question de savoir s'il sera vraiment à sa place dans une classe avec des enfants plus âgés. S'il sera capable de soutenir un rythme de travail plus intense. Les enseignants présents questionnent aussi le maître ou la maîtresse de l'enfant pour savoir si l'enfant est demandeur.

En effet, lorsqu'on leur propose un travail supplémentaire, certains enfants qui réussissent très bien à l'école nous répondent qu'ils préfèrent aller jouer. Alors que, dans le même temps, d'autres enfants viennent sans cesse nous dire, et ce même à trois ans : « Et maintenant, est-ce que tu as un nouveau travail à me donner ? » C'est un indicateur important de la motivation d'un enfant. L'enseignant de grande section peut, par exemple, donner le travail de ses élèves à l'enseignant de moyenne section qui le proposera à l'enfant concerné pour voir comment il réagit aux consignes. L'enseignant de la classe supérieure peut aussi l'accueillir de temps à autre pour observer comment il s'adapte avec des enfants plus grands.

La décision d'un passage anticipé n'est donc pas prise à la légère, c'est un choix difficile pour les enseignants qui d'une part ne souhaitent pas qu'un enfant s'ennuie au point de se désintéresser de l'école mais d'autre part craignent qu'il ne soit pas prêt pour ce saut de classe. Il faut être très autonome et prêt affectivement pour ce type d'expérience et ce n'est pas toujours le cas d'un enfant précoce. Il faut donc faire confiance à la décision des enseignants.

Même si vous avez l'impression que votre enfant en est capable, vous ne connaissez pas son attitude à l'école, or les élèves sont souvent très différents à la maison et en classe. J'ai régulièrement des enfants très calmes, sages et effacés qui, paraît-il, sont très éveillés à la maison. Ils sont tellement discrets en classe que nous ne pouvons observer leurs prouesses. Peut-être se révéleront-ils plus tard, au cours de l'année ou dans une autre classe, quand ils seront plus à l'aise en collectivité.

Mon enfant a de nombreuses compétences notifiées « en cours d'acquisition » dans son livret d'évaluation, dois-je m'inquiéter ?

Ne paniquez pas ! À l'école, on travaille en cycles ; cela signifie que votre enfant dispose de deux ou trois ans pour acquérir les compétences attendues à la fin de l'école maternelle. Ce n'est donc pas inquiétant, cela veut dire que votre enfant a encore besoin de s'entraîner dans un domaine. Demandez plutôt des conseils à son enseignant qui vous expliquera ce que vous pouvez faire avec lui pour l'encourager dans ses progrès.

Regardez aussi ce qu'il réussit et dites-vous qu'à cet âge, les enfants évoluent très vite. Parfois, ils paraissent encore assez « bébés » jusqu'aux vacances de Noël ou de Pâques puis un déclic se produit et nous les voyons revenir grandis, plus concentrés et prêts pour de nouveaux apprentissages.

Si l'écolier a vraiment des difficultés, l'enseignant prendra les devants et vous demandera un rendez-vous pour faire le point.

Mon enfant est très en avance dans tous les domaines. Ne va-t-il pas s'ennuyer en petite section ?

Tout d'abord, la plupart des parents trouvent que leur enfant est très en avance, c'est humain. Notamment, lorsqu'il s'agit de son premier enfant, on n'a pas de comparaisons et tout ce qu'il fait émerveille ! S'il est vraiment très éveillé et qu'il sait beaucoup de choses mais qu'il ne peut les partager, il aura tout un travail de mise en confiance et de prise de parole à effectuer. De plus, à l'école, il va apprendre à vivre avec les autres, à partager, à coopérer et c'est aussi très important dans une vie d'enfant. Enfin, l'enseignant va observer ses élèves et verra rapidement si Jules ou Souleymane s'ennuient vraiment en petite section. Dans ce cas, elle pourra, comme je l'ai expliqué dans la partie « différenciation », prévoir un atelier avec des consignes différentes pour un groupe d'enfants qui sont demandeurs.

Mais il y a parfois des surprises... Des enfants qui sont performants dans leur travail sont très contents d'aller jouer après avoir fini leur atelier. Quand je leur demande s'ils veulent faire « un travail de grand » par exemple, ils me répondent très poliment : « Non merci ! »

À cet âge, ils ont besoin de jouer entre eux, ils apprennent aussi par les jeux d'imitation, les jeux de rôles et c'est très instructif de les regarder jouer ensemble.

Ne lui dites pas : « Tu ne t'ennuies pas à l'école ? » car il y a une chance sur deux pour qu'il vous réponde

« oui ». En effet, les enfants ne mettent pas toujours la même signification derrière les mots que nous. Par exemple, lorsqu'il attend plusieurs minutes derrière les copains pour qu'on lui ferme son manteau, effectivement il s'ennuie.

Enfin, si votre enfant chaque jour pleure pour aller à l'école en expliquant qu'il s'ennuie, qu'il n'apprend rien, alors prenez rendez-vous avec l'enseignant. Il va parler avec l'enfant, certainement lui trouver des activités stimulantes et faire en sorte qu'il retrouve l'envie d'aller à l'école.

Chapitre 12
Fin d'année, et maintenant ?

Préparation à la moyenne section

Votre enfant termine son année scolaire. Il a sûrement beaucoup grandi ! Souvenez-vous de votre petit bout du début d'année et voyez comme il a évolué. La maîtresse va préparer les élèves au changement en leur expliquant qu'ils vont devenir des « moyens » après les grandes vacances. Ils en sont fiers, et cela leur permet d'envisager le passage vers une autre classe. On en voit qui prennent l'air boudeur et d'autres qui sont plus enthousiastes.

On les emmène également visiter la classe des moyens pour leur montrer les lieux. Ils en connaissent déjà les enseignants, qu'ils ont vus tous les jours pendant les récréations. Il y aura donc bien moins d'inconnus à l'entrée en moyenne section : les lieux, les visages, les règles seront déjà familiers. Peut-être quelques-uns auront encore un peu de tristesse à vous quitter le matin, mais cela durera beaucoup moins longtemps qu'en petite section. La plupart seront ravis de retrouver les copains et les copines avec qui ils se sont liés d'amitié.

Vous aussi, chers parents, vous allez pouvoir aider votre enfant à passer ce cap. Félicitez-le de ses progrès et rappelez-lui les souvenirs du début d'année pour lui faire prendre conscience de son évolution. Montrez-lui les photos dans son « cahier de vie » du mois de septembre et faites-lui remarquer comme il a changé.

Petits conseils pour l'été

Pendant les vacances scolaires, il y a plein de choses à faire avant l'entrée en moyenne section. Continuez à faire avec lui tout ce qui a été commencé en petite section : colorier, découper, en veillant à la tenue des crayons et des ciseaux. Mais aussi saisissez chaque occasion pour compter, dénombrer. Par exemple, sur la route des vacances on peut s'amuser à dénombrer les voitures ou les coquillages ramassés sur la plage. Votre enfant peut aussi tracer son prénom dans le sable avec son doigt ou un bâton si vous partez en bord de mer. Mais également jouer au ballon, lancer, recevoir, et donc travailler sa coordination.

Et surtout, encouragez-le vers la voie de l'autonomie : demandez-lui de s'habiller tout seul, de se laver les dents, de ranger ses chaussures dans le placard... tous ces petits gestes qui l'aident à grandir. Et, bien évidemment, ne le portez pas sans cesse, ne le mettez pas dans la poussette dès que vous sortez, laissez le marcher.

Enfin, on peut passer du temps à jouer ensemble, en faisant des jeux de société (jeu de l'oie, cochon qui rit, petits chevaux, jeu des 7 familles...) plutôt que de faire des cahiers de vacances.

S'il n'a pas encore arrêté la tétine, il est URGENT de s'en occuper. On peut motiver son enfant par la promesse d'une sortie particulière ou d'un présent dont il rêve pour lui donner envie de fournir cet effort. De même, pour la propreté de la nuit, si elle n'est pas encore acquise, profitez de l'été pour enlever les couches. Vous serez plus disponibles pour l'aider à franchir ce cap.

Sa future classe

À propos de la moyenne section, il faut savoir que, selon les écoles, il n'y a pas forcément de sieste accordée aux enfants de cet âge. Dans mon école, ils observent un moment de repos assis à une table avec la tête posée sur un coussin pendant une trentaine de minutes, parfois avec un fond musical. Les gros dormeurs auront donc besoin d'un temps d'adaptation et ils s'endormiront sûrement dans la voiture durant le trajet du retour à la maison. Ou sur un canapé en arrivant. C'est normal car le rythme est plus soutenu, les temps de jeux plus limités et il leur est demandé davantage de concentration. En même temps, ils vont être fiers d'apprendre à écrire leurs premiers mots en majuscules d'imprimerie, puis en écriture cursive en veillant à respecter le sens de l'écriture.

En moyenne section, les dessins des enfants deviennent plus riches, plus complexes, plus précis. Leur imagination foisonne loin des gribouillages de leurs premiers dessins de petite section.

Pour ce qui est du langage oral, l'enseignant va faire jouer les enfants avec les mots en les comparant et en les associant. Ainsi ils vont prendre conscience des sonorités de la langue et même produire des rimes.

Dans la rubrique « découverte du monde », pour les mathématiques, les enfants vont poursuivre leurs apprentissages à travers des situations concrètes de partage, de comparaison ou de distribution. Ils apprennent non seulement à compter mais également à élaborer des stratégies. Bien entendu, ils vont aussi continuer à développer des compétences sociales, motrices, sensorielles et créatives, qui leur seront présentées sous forme ludique comme en petite section.

Voilà, c'est désormais la grand-route pour la moyenne section. Merci pour ce bout de chemin parcouru, avec vous, les parents et les enfants. Tous ensemble...

Dois-je acheter un cahier éducatif « spécial vacances » ? Est-ce une bonne idée de le faire « travailler » durant les vacances ?

Franchement, je ne suis pas très partisane des cahiers de vacances. Tout d'abord parce qu'ils sont souvent de piètre qualité et, même lorsqu'ils ne sont pas trop mal conçus, je n'y suis de toute façon pas favorable. En effet, il y a d'autres idées, d'autres activités à faire durant les vacances pour un enfant de cet âge-là. J'ai donné quelques pistes dans ce chapitre, des idées à faire avec son fils ou sa fille. Dessiner, colorier, compter, découper, faire des jeux de société. Mais on peut aussi faire de la peinture, des collages, des puzzles... qui permettent à l'enfant d'exercer tous ses talents.

Si l'on se rend à la montagne ou à la campagne, pourquoi ne pas créer son propre cahier de vacances dans lequel votre enfant pourra coller les trésors trouvés au gré de ses promenades ou sorties. Ensuite vous écrirez les noms précis des fleurs ou des plantes ramassées. Il développera de la sorte son vocabulaire tout en s'amusant. Si l'on reste à la maison, on peut lui proposer d'écrire une lettre aux grands-parents ou aux cousins, en dictant à l'adulte tout ce que l'on fait. Du vélo, des jeux avec des copains ou les frères et sœurs, une sortie. Si votre enfant va au centre aéré, il aura beaucoup de choses à leur raconter : la piscine, la chasse au trésor, etc.

Pensez à varier les activités, qu'elles soient aussi sensorielles, créatives, motrices et pas seulement cognitives. Parce qu'un enfant qui aura travaillé tous les jours de l'été ne sera plus très motivé pour de nouveaux apprentissages à la rentrée. Il peut aussi jouer, rêver ou ne rien faire. C'est important aussi. L'oisiveté a ses vertus. Alors, bonnes vacances à tous !

Conclusion
L'école est finie

Dehors, les arbres sont en fleurs. La cour résonne encore des cris des enfants. Il ne reste que quelques heures avant la dernière sonnerie. On s'affaire dans la classe, on range, on ordonne. Puis les enfants rentrent de la récréation. Ils sont excités, joyeux. On connaît désormais chacun des enfants au plus près. On a appris à déceler leur fragilité mais aussi leur force, leur caractère. Ils ne sont plus un groupe, mais des petits êtres, avec leur histoire. Ils sont désormais entrés dans nos vies. On les verra devenir des grands garçons et des grandes filles dans les autres classes. Souvent, au détour d'une récréation, ils viendront nous embrasser, nous raconter leurs petits bonheurs. Juste un geste ou quelques mots mais qui signifient tellement de choses pour nous.

Là, nous venons de passer ensemble une longue année au cours de laquelle ils ont grandi, progressé. Acquis des compétences, de l'autonomie. Des heures et des heures de labeur, d'attention, d'efforts acharnés pour leur faire comprendre des toutes petites choses, invisibles aux yeux de beaucoup mais qui, ajoutées les unes aux autres construisent un enfant. On pense à cela durant ces dernières heures. Il y a une forme de fierté de voir ce qu'ils sont devenus. On les regarde un à un, on fixe leur visage. C'est dans ces instants que l'on sait combien nous nous sommes attachées à eux. Et puis viendront les derniers moments, l'ultime sonnerie. Les parents à la porte souvent émus eux aussi. On prend les enfants dans nos bras, on les serre fort, comme sur le quai d'une gare.

Ils ont maintenant tous quitté la salle. Je referme la porte. Dehors, ce sont les vacances. Je croise le regard de Tacla, mon aide maternelle. Comme dans **Peau d'ours**, le livre inachevé d'Henry Calet, « ne nous secouez pas, nous sommes pleines de larmes ». Dans un lourd silence, nous replaçons les petites chaises, sous les petites tables. Le temps s'écoule encore. Je prends mes classeurs, quelques dessins d'enfants, je dépunaise la photo de classe et la range dans mon sac.

J'éteins la lumière. J'embrasse Tacla. Voilà, c'est fini. Je traverse la cour vide et je rentre chez moi. Seule dans la voiture, je pleure doucement. Il n'y pas de fin d'année heureuse pour une maîtresse.

Et puis viendra l'été. Jusqu'à une autre rentrée. Avec d'autres petits destins à porter. Et tout recommencer.

Remerciements

Merci à mon mari pour son soutien et à mon aide maternelle, Tacla, pour sa relecture éclairée.

Merci à mes collègues de maternelle : Chantal, Elisabeth, Laurence..., à ma directrice ainsi qu'aux enfants et aux parents qui m'ont accompagnée tout au long de ces années de petite section.

Table

Introduction 9
Chapitre 1 : Changer de monde : « Du cocon à la jungle ! » .. 13
Chapitre 2 : Qu'apprend-on en petite section ? 23
Chapitre 3 : Comment préparer son enfant à l'entrée à l'école ? 37
Chapitre 4 : Le grand jour ! 47
Chapitre 5 : Les comportements des enfants à l'école 57
Chapitre 6 : Le premier mois 65
Chapitre 7 : Les moments importants de l'année 79
Chapitre 8 : La relation parents-enseignant 95
Chapitre 9 : Les moments hors de la classe 113
Chapitre 10 : Le langage 123
Chapitre 11 : Comment mon enfant est-il évalué ? 133
Chapitre 12 : Fin d'année, et maintenant ? 147
Conclusion : L'école est finie 153
Remerciements 157

Composition et mise en pages réalisées par
Compo 66 – Perpignan
205/2011

Éditions du Rocher
28, rue du Comte-Félix-Gastaldi
98000 Monaco
www.editionsdurocher.fr

Imprimé en France par EMD S.A.S.
Dépôt légal : septembre 2011
N° d'impression : 25368